黑马王子◉著

股市天经

之一 量柱擒涨停

第4版
修订

四川人民出版社

图书在版编目（CIP）数据

股市天经. 一, 量柱擒涨停 / 黑马王子著. —— 4版
. —— 成都 : 四川人民出版社, 2021.2（2024.6重印）
ISBN 978-7-220-12007-7

Ⅰ. ①股… Ⅱ. ①黑… Ⅲ. ①股票投资—基本知识
Ⅳ. ①F830.91

中国版本图书馆CIP数据核字（2020）第174523号

GUSHI TIANJING

股市天经（之一）
——量柱擒涨停（第4版修订）

黑马王子 著

出 版 人	黄立新
策划组稿	何朝霞
责任编辑	薛玉茹
装帧设计	李其飞
责任校对	吴 玥
责任印制	祝 健
出版发行	四川人民出版社（成都市三色路238号）
网 址	http://www.scpph.com
E-mail	scrmcbs@sina.com
新浪微博	@四川人民出版社
微信公众号	四川人民出版社
发行部业务电话	（028）86361653　86361656
防盗版举报电话	（028）86361661
照 排	四川胜翔数码印务设计有限公司
印 刷	四川五洲彩印有限责任公司
成品尺寸	185mm×260mm
印 张	15.5
字 数	280千
版 次	2021年2月第4版
印 次	2024年6月第38次印刷
印 数	224001-227000册
书 号	ISBN 978 - 7 - 220 - 12007 - 7
定 价	58.00元

第4版前言

"量学"伏击涨停的"妙方"

拿破仑曾经说过："不想当将军的士兵，不是好士兵。"

黑马王子经常说："不想抓涨停的股民，不是好股民。"

中国国家版权局登记确认（国作登字2017-A-00354380）全球首创的《股市量学理论及其实用体系》，简称"量学"，由黑马王子张得一教授发明。第一部系统介绍"量学"的专著《量柱擒涨停》，由四川人民出版社于2009年9月出版。弹指十年间，"量学"风靡中国股市，"量学著作"成了当当网上的"超级畅销长销书"。黑马王子首创的"黄金柱、黄金线、黄金劫、黄金梯"等一系列"量学术语"，成为中央电视台等股评家们的热门话题。时值"量学专著问世十周年"之际，特2020修订再版，以飨新老读者。

一、作者的故事

亲爱的读者朋友，我和你一样，是一个普普通通的散户，在经历了大亏大损之后，终于在"西山大师"的指引下找到了一条大赚大赢之路：这就是"以量柱作为温度计，测量和伏击即将飙升的股票"。

为了验证"量柱温度计"的科学性、准确性和可靠性，我于2007年开始，每天坚持在"www.178448.com 股海明灯论坛"盘前预报2～3只股票，据网站管理员的统计（以1～10日内涨停为标准），我的成绩如下：

2007年（典型牛市），累计成功预报了217个涨停；

2008年（典型熊市），累计成功预报了331个涨停；

2009年（熊牛杂市）至7月17日（本书首版截稿日）累计成功预报了229个涨停。

为了提高"伏击涨停"的成功率，股海明灯论坛于2010年1月调整了伏击涨停预报统计标准，每天只能预报三只股票，以收盘后"卖一为零"为涨停标准，预报后1～5天内涨停作为统计标准。我的成绩如下：

2010年，平均每周成功预报2个涨停板；

2011年，平均每周成功预报3个涨停板；

2012年，平均每周成功预报4个涨停板；

2013年，平均每周成功预报5个涨停板。

当然，"预报涨停"与"伏击涨停"是截然不同的两回事。"预报"是训练眼光的，"伏击"则是多种因素的集合。我和许多读者都有一种相同的感受，那就是"预报的三只股票中有两只涨停了，可实盘伏击的那一只却躺着不动"。因此，怎样才能进入"知行合一"的最佳境界，成了本书的核心内容。

成绩只是过去，成功才是未来。为了深入探索伏击涨停的奥秘，中国人民大学财经学院邀请我于2011年11月5日在该校举办了为期5天的"伏击涨停特训班"，当时（11月7日～11日）大盘大跌5天，而参训的25名同学却擒获了53个涨停板。我于11月7日在特训班作示范预报的鲁丰股份和科泰电源成了当时少有的2只牛股。人大特训班的成功，一发而不可收，2012年连续举办了8期特训班，每期特训班都遇大盘大跌，而特训班的战绩每期都是大涨。从2013年开始，伏击涨停特训班转入清华大学和北京大学继续培训。《伏击涨停》特训教材由清华大学出版社于2014年出版发行。

二、读者的故事

为了使伏击涨停的实践更具科学性和实战性，我们于2012年8月15日开通了"伏击涨停预报大赛专栏"，截至2014年2月7日，有3000多人参与了"伏击涨停预报大奖赛"。"蓝马涨停"同学，连续3个月荣获"涨停预报冠军"，他在2012年12月至2014年2月7日总共预报了1246只股票，获得611个涨停，成功率高达49.08%。清华大学伏击涨停特训班的"胡有有"同学，连续3个月荣获"涨停预报季军"，她在2012年12月至2013年1月总共预报146只股票，获得100个涨停，成功率高达68.49%。

多年的实践，证明了"量柱温度计"的神奇作用。在众多网友的怂恿和支持下，我将三年来的实践经验写成了《股市天经（之一）量柱擒涨停》一书。该书的前五讲内容于2009年6月16日在"www.178448.com 股海明灯论坛"公布后，有31位网友参与了"伏击涨停人民战争"的实验，奇迹再次发生了：

从2009年6月16日开始到7月17日为止，一个月内，这31位新手竟有半数以上独自伏击了1至7个涨停板。其中不包括我预报的"莱茵生物、达安基因、维维股份"的20多个涨停。

为了帮助更多网友，2018年6月，我们在"量学云讲堂"创办了"网上量学基训班"，许多参训一周左右的网友就能亲手擒拿涨停板，有的网友参训1～3月就能让账户翻番。一位有近30年股龄的量友高兴地说："量学是我见过的所有炒股技术中最实用、最管用的真技术！"

三、本书的纲要

为什么简简单单的几根量柱，就能提前预知并准确伏击到涨停呢？

为什么参与学习实践仅半个月的新手，也能准确地伏击到涨停呢？

奥秘就在"量柱"这个"股市温度计"里。

因为"量变引起质变"，"量柱"就是记录这个质变的真实记录，是多空双方搏斗的量价暂时平衡点，这个"暂时平衡点"，就像温度计上的刻度，真实地记录了主力的性格、胆识、韬略和体温，直接地展示了主力的意图、节奏、方向和目标，所以，简简单单的量柱，包含着丰富的市场信息、社会信息、政策信息和涨跌信息，因而，它不愧为"股市温度计"。

本书独创的"量学理论"，系统地阐述了"量学语言"，其价值超越了K线理论的局限，超越了均线理论的桎梏，将股市的内在运行规律像温度计那样展现在读者面前。本书共五个单元：

第一单元《量柱擒涨停的基本原理》，将向读者介绍从"量柱的形态"发现涨停契机，从"量级的变化"发现涨停的先兆，从"量性的转化"发现涨停的时机这三大规律。让我们从无序的盘面结构中，找到有序的节奏和节律。这是初级教程，力图让初学者能够尝到伏击涨停的乐趣。

第二单元《量柱擒涨停的六个元素》，系统揭示了"高量柱、低量柱、平量柱、倍量柱、梯量柱、缩量柱"的独特个性，以及它们组合后的涨停爆发力和涨停爆发点，从中找到能独当一面的"将军柱"，进而发现主力精心打造的"黄金柱"，钻进主力的轿子去领略股市风光。这是中级教程，力图让投资人从简单的量柱组合中，找到伏击涨停的钥匙。

第三单元《量柱擒涨停的六个层面》，系统揭示了主力打造"黄金柱、黄金线、黄金梯、黄金仓、黄金劫、黄金道"的目的和手段，以及它们互相作用的涨停契机和涨停区间。这是高级教程，力图让投资人在千变万化的行情中，掌握伏击涨停的规律。

第四单元《量学初级实战问答》，是针对初学者最常见的问题所进行的盘中实战交流，案例全部取自参与"伏击涨停人民战争"的股票，详细讲解了"伏击涨停的最佳时机"和"真假黄金柱""真假黄金劫"的区别等新问题。参与实战的朋友都已从中受益，希望读者朋友也能受益。

第五单元《量学高级实战技法》，是针对高级用户的战术指导，"凹口淘金"的战术思想和战术原则，是对"黄金劫"和"黄金仓"的战术深化；"涨停前的三维数据"是对"黄金柱"和"黄金线"的量化分析；而"炒股三部曲：看鱼、选鱼、捉鱼"，是对"伏击涨停战术"的综合演绎。据参与实战的朋友们讲，这些实战技巧具有很强的指导意义，相信读者朋友也能从中体会到"伏击涨停"的快乐。

朋友，本书是我国第一部系统阐述"量学理论"的学术性兼实战性教程，其学术观点和技术观点难免有疏漏和遗憾，我们欢迎你在 www.178448.com 论坛提出质疑和批评，帮助我们完善之、充实之，共同创造咱们中国人发明的、可以影响世界的股市理论。

孔子曰："取乎其上，得乎其中；取乎其中，得乎其下；取乎其下，则无所得矣。"王子深信，"伏击涨停"只是一种高标准的追求，按照"伏击涨停"的标准也许你今天不能擒到涨停板，仅仅"得乎其中"擒到半个涨停板，也应该知足了。而随着你的技术和眼光的全面提升，涨停板将经常伴随你走向未来。

让我们张开双臂，去迎接这个令人兴奋的未来吧！

黑马王子

2009年7月18日于北京清华园三才堂 原创

2014年3月8日于北京清华大学六号院 修订

2020年3月18日于北京沙河高教园北一街八号 修订

序言

"一枝奇花"与"万紫千红"

听好几个朋友讲：中国股市出了个量学！一柱一线伏击涨停，非常灵！他们怕我不信，还和我讲了他们的亲身经历作证。

什么是"量学"？怎样"一柱一线伏击涨停"？职业敏感驱使我从2007年初一直追踪观察着一个神秘的、半封闭的小型网站"www.178448.com 股海明灯论坛"，其谐音是"要启发，试试吧"，其网友遍及大江南北，其论坛藏龙卧虎，传说"基金一哥"的师傅也在这里。从留言上看，大家互不相识，却共同推崇一位名叫"黑马王子"的隐士和他的"涨停预报"。

【由于股海明灯论坛在全国享有的盛誉，本书出版后的第二年，别有用心的人克隆该网站推出了一个又一个"股海明灯论坛"，甚至将"股海明灯"和王子著作中的量学术语申请了"中国注册商标"。仅此举动，就反证出股海明灯论坛和黑马王子非同一般的魅力。】

"黑马王子"与"伏击涨停人民战争"

从2007年1月至2009年7月31日（本书第一版截稿日），"黑马王子"的涨停预报从未间断过，他每天盘前预报1~3只股票供网民验证，准确率很高，据网站管理员的每日统计显示：

2007年（典型牛市）盘前预报，累计成功预报217个涨停。

2008年（典型熊市）盘前预报，累计成功预报331个涨停。

2009年（牛熊杂市）盘前预报，累计成功预报229个涨停。

【从2010年至今，黑马王子平均每周成功预报3~5个涨停板；其优秀学员也能平均每周成功预报5~10个涨停板。具体原始数据详见"股海明灯论坛www.178448.com涨停预报大奖赛"专栏。】

让人不可思议的是，他的预报都是"一柱一线"，从简单的量柱形态和量价组合来进行判断，方法之简单，效果之神奇，令所有参与验证者无不惊讶。2009年6月，他在股海明灯论坛上发表了三篇关于"量柱擒涨停"的讲座免费供大家学习，奇迹再次发生了——网友们经过半个月的学习，于2009年6月16日发起了一场"伏击涨停人民战争"的活动，到本书截稿的7月31日，共计33个交易日，参战的31位学员竟有24人伏击了41个涨停板！有位学员竟先后擒获了7个涨停板！网友对他的评价极高，现从"www.178448.com 股海明灯论坛"上有关《我们的黑马王子》的回复里任意摘录几条留言如下：

第3楼的小小薰衣草说："王子老师在这里一直为我们无私奉献，我虽然没有妙语连珠的本事把王子夸个天上绝无，天下仅有，我相信这里有很多人都从心里感激王子老师！"

第8楼的zhnagjun1328说："用很多的话语都很难准确表达对王子的尊敬，自从进入和每天拜读王子的经典点评后，从'星星点灯'到'每天感悟'再到'实战升华'，我都在一点点的进步，就像王子谦虚说的'向高手学习，向高手看齐'的名言，在这个充满智慧的战斗中永远学无止境，由衷地感谢王子每天精彩的劳动与付出！"

第21楼的xiaoxis说："在众多的股市论坛中，我认为这个论坛的点击率颇高；在众多的股市预报中，黑马王子的预报成功率最高、技术含金量最高、对股民的责任心最强，虽然有时预报失灵，其敢于认错的勇气最大，但是在变幻莫测的股海中偶尔失误又算得了什么呢？黑马王子是座真正的'股海明灯'，是我们小股民心中永远的'夜航灯'。"

第24楼的luoyan2001说："很难用三言两语来评价黑马王子。黑马王子应当得一个'师'字。这不是普通意义上的大师或者老师：大师有技而不善授，老师有道而不专长。黑马王子应当得的这个'师'字，指的应该是师技、师业、师道与师德并重之'师'；更重要的，是他在传道授业解惑的同时，传达的那种朴素温暖的生活态度。黑马王子更当得一个'儒'字。这是圣人给我们几千年的文明烙下的印记。在这个被金钱与利益充斥的空间里，当多少所谓的大师、高人，踏着无数人的鲜血站上名利的高台的时候，黑马王子用他的荡荡之心牵引着我们，无论顺与逆，谦抑而又平和，教给我们坚持的信念和从容的心境。黑马王子非神人，他的字里行间却散发着一股超人的睿智；黑马王子亦非圣人，他感动大家的，我想，应该是他字字珠玑中带给我们的那种真诚！"

第30楼的lxxuyiq说:"王子确实厉害,分析到位,思路清晰,语言精辟,通俗易懂,他是我们小散的恩人。"

第32楼的ff2006说:"黑马王子是老头儿可敬可信的老师!他的帖子(包括回帖)我全看过。他咋看咋说,毫不含糊。他的奉献精神更让我打心眼里佩服。他2008年预报的股票,截至5月5日匡算,涨停股占60.1%,在众多的股市预报中准确率最高。"

第49楼的azafls说:"我觉得王子老师不只是我们的股海明灯,更是我们的人生导师。他顶住种种压力为大家指引方向。不求回报,只求奉献。为我国成为金融强国夯实基础,现在的中国股市就像咱们自家人练兵,不久的将来会有一个掌握量柱理论的勇士到美国挣它500亿美元回来为国争光!"

第67楼的夏雨清风说:"王子是人,和我们一样有血有肉、会累会疲,但他不是一般的人,是个品德高尚、敬业负责、受人尊敬的人;王子不是'人',因为王子的预测十分精准,简直就是神仙。我拥护这个仙,我崇拜这个神。"

……

"黑马王子"与他的"股市温度计"

"黑马王子"的"秘密武器"就是他的"股市温度计"。

牛市的2007年,惊心动魄的"5·30",大盘连续暴跌5天,许多人对大势失去了信心,许多股评人士对大势失去了方向,可是"黑马王子"却独具慧眼地呼吁"大跌必有大涨",请看从6月4日暴跌时他对大盘连续的"盘前预报":

6月4日周一盘前预报:东海旅游迎涨停,国栋飞乐龙抬头! 预报要点:抢不到不怪我,跌下去不怨我,看大势不笑我,但愿这三只股票又有两只涨停!

6月5日周二盘前预报:节能减排看环保,超跌反弹好解套! 预报要点:大跌之后必有大涨,被套之后必然解套,反弹出货换股是当务之急!不做"死多头",不做"死空头",只做"死滑头",祝大家好运!

6月6日周三盘前预报:六六大顺,反弹在即! 预报要点:跌势选质!反弹抢势!好股票是跌出来的!被套不要心慌,好势头就要来了。昨日预报的三只个股今日全部涨停,但愿今日预报的个股可以保持昨天的纪录。

6月7日周四盘前预报:千金难买牛回头,优质优价傍蓝筹! 要点摘录:大盘非理性的大跌之后,正在走向理性的回归,但是也碰到了强大的抛压。还是那句话:大跌并不可怕,怕的是失去理性,大跌之中也有大涨的股票。

6月8日周五盘前预报：万金难买牛抬头，周末涨停见好收！ 要点摘录：周四的股市正如我们预报的那样，千金难买牛回头！政府救市的态度和资金抢入的态势，致使明天的股市将是万金难买牛抬头！明天的好票多得很，万山红遍。

王子的盘前预报，总是"单向预报"，从不模棱两可；总是这样文采飞扬，充满自信。熊市的2008年，在大盘即将跌破1700点的时候，许多人迷失了自我，产生了绝望。王子却于2008年10月27日晚上发布预报，大胆地提出了"地板"概念。他对1664点的预报是：环球同此凉热，我辈地板进货！

看着这连续的、从不间断的盘前预报如此准确无误，我们还能说什么呢？

从"股市温度计"到《量柱擒涨停》

他的预报为什么这么精准？作为记者，我多次想采访"王子"，但都被他婉言谢绝了。他的回答是：不图名，不图利，只图做好温度计。等我们的实验成功了，会写一本书的，你去采访读者吧。

今天，当我看到王子的这本书稿时，我眼前一亮，豁然开窍。原来，他的精准预报和伏击涨停的秘密，在于他根据"量变产生质变"的科学原理，从股市的源头找到了"卖在买先、价在量先、庄在散先"的"三先规律"，和"股数不变、操作不错、赢亏不等"的"三不定律"，发明了一套"量学操盘体系"，《量柱擒涨停》就是介绍其"量学"的开山之作。

在认识这位"王子"之前，每逢浏览他们的网站，我常常禁不住为他精准的个股推荐和大势研判而叫绝，因为呈现于网页之中的独到见解深深地震撼了我，篇幅不大，分析透彻，妙语如珠，言简意赅，好像股票的涨跌都是他控制的一样，使人有提前感悟的那种兴奋。

在认识这位"王子"之后，我才知道，原来他是一位大学教授、发明家、演说家和操盘手。他发明的"三维天然码打字宝软件"，能让从未摸过电脑的人不记字根、不用拼音、不论老少、不分国界，人人可以当场学会中文电脑打字，被《北京科技报》誉为"不可思议的世界奇迹"。该产品已入选科技部"中国星火计划名优产品"和教育部"中国教育信息化采购指南"，已帮助数百万用户实现了当场学会电脑打字的夙愿。他深知中小投资者的艰难和苦恼，决心帮他们找到一种像"天然码"一样简单实用的"天然看盘方法"，于是他发明了"股市温度计"，力图使投资者在股市中见柱识庄，牵牛骑马。

我看到他为了达到这个目的，勤奋钻研，经常总结，不断提高。他十年坚持不懈地攻关,制作了几万幅图片,撰写了数百万字日记。他的工作室里,图谱数据,琳琅满目,书籍档案,气象万千。在不断深入研究之后,形成了自己独特的技法,奉献给我们的就是这本量学开山之作《量柱擒涨停》,其姊妹著《量线捉涨停》和《量波抓涨停》也将相继出版,合成"量学三部曲",以形成王子首创的"量柱选股、量线选价、量波选时"的三维互动量学战法。

据说,与之配套的"飞毛腿"操盘软件也即将推向市场。

愿"黑马王子"取得更高的成就!

祝"量学理论"为投资者送去福音!

【本书出版两年后,有人盗用书中"飞毛腿"的名称申请了"中国软件著作权登记",并在市面上打着黑马王子的旗号四处兜售。2012年,此人又盗用王子的书名,出版了《量波抓涨停》一书,而书中根本没有"量波"的内容,致使许多读者上当受骗。为此,王子起诉了他,他保证销毁所有软件和教材,不再做盗版。若有读者发现上当受骗,可直接向他索赔。】

2009年7月31日原创

2014年3月8日修订

第4版序言

"一票难求"的"九大奥秘"

2020年元旦，开课通知仅仅发出5天，北京国门酒店大礼堂的300多个座位就被"一抢而空"！原来预定3月28日开课的"量学实战特训班"不得不紧急公告"停止报名"。一时间，许多网友纷纷留言："一票难求哇！量学特训班，实在太牛了！"

量学特训班为什么这么牛？首先，要感谢那些多次参加复训的老学员，这些"回头客"超过全部学员的三分之二，他们中有父亲帮儿子报名的、有母亲帮女儿报名的、有老公给老婆报名的、有朋友代朋友报名的、还有老总给经理报名的……

为了解开量学特训班深受欢迎的原因，我们请这些"回头客"们云谈学习体会，他们总结了如下"九大奥秘"：

1."量学"与"价学"的本质区别。

"量学"之前的所有传统理论都属于"价学"。"价学"都是"以价格走势来研判价格走势"的线性思维，违反了逻辑学上"不能用A来证明A"的基本法则，陷入了"股市不可预测"的悖论；"量学"则是"以量价建构来研判价格走势"的立体思维，遵循了逻辑学上"只能用A来证明B"的基本法则，确立了"股市可以预测"的定论。王子老师2014年6月27日至10月31日连续85天盘前预报与实盘走势精准对应的事实，充分说明了这个问题（参见清华大学出版社《黑马王子操盘手记》）。——疆边新兵

2."量学"与"价学"的思维区别。

凡是学过传统技术再来学量学的人都知道，"价学"都是以发明人发明的线条来看盘选股，类似于"守株待兔"或"刻舟求剑"；"量学"则是以操盘人的行为轨迹来看盘选股，类似于"顺藤摸瓜"或"侦探破案"。例如本期量学特训班上，于2019年12月25日用"百高线上侦察兵"选出"星期六"时，许多传统高手都说该股全部质押解除，即将大跌，而它却连续大涨。创造了17天内10个板的

龙头纪录。——股债双雄

3."量学"的盘前预报。

量学的盘前预报，敢于像天气预报那样天天预报大盘三线和基本走势，并且连续7年的预报精准率达到85%以上，比天气预报还准，例如王子老师最近10天（2020年春节前）连续9天收评提醒大家"逢高出货，空仓过节"，让许多网友成功躲过了春节前的百点大跌；2月2日王子老师推出的"春节选股练习8组24股"，节后逆市大涨，截至2020年3月10日，获得98个涨停板。对大盘和个股的精准预报，其他技术无法企及。——股虫老王

4."量学"的进出标准。

量学的进出标准非常清楚明白，一看就懂，其时效性和实效性特别强，其他传统指标根本没有标准，尽是"如果"，或是"大概"，其进出的指标太滞后，等你发现时，黄花菜都凉了。例如"次阳缩量过阴半，可参战"，当量学介入3～5天后，传统指标才出现介入点，而这时正是量学的出货点。再如王子老师2020年1月14日提醒大家以1月6日的大阴实顶3083和实底3070为标准，用《量学见顶三绝》操盘，跌破实顶减仓三一，跌破实底留强清仓。凡按其标准执行者，均能躲过春节前的百点大跌。——恒者久矣

5."量学"的辩证法则。

传统价学的看盘是被指标"僵化"的看盘，指标怎么走就怎么看；而量学的看盘是对规律"辩证"的看盘，规律怎么变就怎么看。例如，高量柱后的一般走势应该是下跌，这是正常规律；一旦高量柱后该跌不跌或上涨，它就可能大涨，这是反常规律。量学就是在常态与变态的异动中去发现机会，提出了著名的"看涨防跌、看跌防涨"等"动态看盘法则"。对此，许多传统高手根本看不懂，也不可能理解，白白丢失许多机会。——量学小卒

6."量学"的战略战术。

量学的每个战法几乎都是战略和战术高度融合的精华。例如"高量不破，可以入货"八个字，提纲挈领，简明扼要，将战略标准和战术标准融为一体，深刻揭示了"只要主力的战略堡垒不破，后市必然红火"的牛股奥秘。请看我们量学特训班9月27日根据倍量突破3月26日高量实顶擒拿的"漫步者"，经常连板接连板，至12月18日，三个月内，涨幅突破400%，成为当前弱市中少有的龙头牛股。——股痴如来

7."量学"的看盘方法。

传统的看盘方法只看价柱，是单向思维；量学的看盘方法，量价结合，是立

体思维。仅仅这种看盘方法，量学比价学的质量和效率都提高了一倍甚至几倍。量学能看到的，价学根本看不到。因为我们量学是股市侦察兵、是股市狄仁杰。例如今年春节后首日大盘大跌260点，全国股评人士惊恐万状，王子老师却要求我们拿出2019年1月4日的勇气大胆介入。此后大盘连涨15天，大家收获颇丰，擒牛捉马成了家常便饭。——京城小哥

8."量学"的看盘眼光。

传统看盘眼光，都是根据发明人发明的线条看盘，线条怎么走就怎么看，显然难以看出造假；量学看盘眼光，则是以操盘人走出的足迹看盘，足迹踩到哪儿就侦测到哪儿，一旦有人造假，量学能看得一清二楚。例如"假阴真阳、假阳真阴"，这是价学眼光无法看到的，量学却能一眼看穿。2020年1月22日（春节前第二个交易日），大盘走出长腿中阳，许多传统高手大喊大盘将会大阳迎春节；可王子老师根据量学标准，指出"假阳真阴、务必当心"。次日大盘走出百点大阴，充分证明了量学的优越性。——齐天小圣

9."量学"的选股方法。

许多网友对量学八大讲师经常选到牛股和龙票感到不可思议。其实，只要掌握了量学的选股方法，人人都能选到牛股和龙票。量学的选股方法与传统价学完全不同。传统理论都是"选股"，量学理论则是"选庄"。例如我们在最近的北大博雅量学特训班（12月21日至12月25日）上选出的六大牛股（星期六、晶方科技、姚记科技、模塑科技、鲁商发展、日出东方），半月内都走出了翻倍行情，就是最好的证明。——京都股仙

太棒了！"回头客"们总结的"九大奥秘"，从九个角度揭示了量学深受欢迎的科学内涵，值得量学同人认真思考。望大家结合自己的学习和实践，畅谈自己的心得和体会，帮助更多读者认识量学、理解量学。

股海明灯论坛股市探秘专栏 课题组

2020年4月30日

目　录

第一单元
量柱擒涨停的基本原理

第二单元
量柱擒涨停的六个元素

第三单元
量柱擒涨停的六个层面

第四单元
量学初级实战问答

第五单元
量学高级实战技法

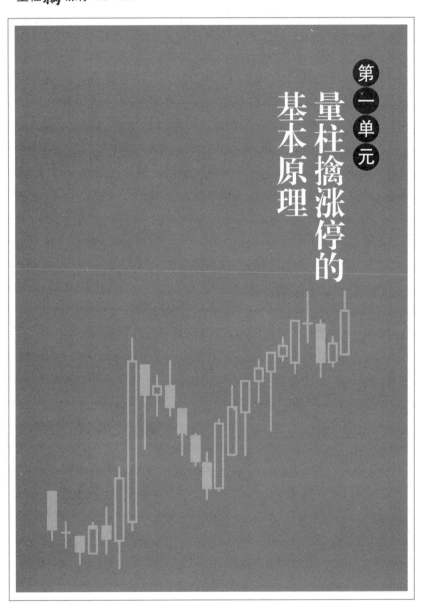

第一单元

量柱擒涨停的基本原理

第1章

量柱的"三重特性"

第一节 量柱的全息特性

开门见山，先请大家看一幅股票走势图（见图1-1）。

任何一幅股票的走势图，都会跟这幅图一样，满屏都是密密麻麻、红红绿绿、高高低低、大大小小的图形和线条，它们横七竖八、杂乱无章、忽高忽低、飘飘然然，看上去令人眼花缭乱、昏昏欲睡、无所适从。

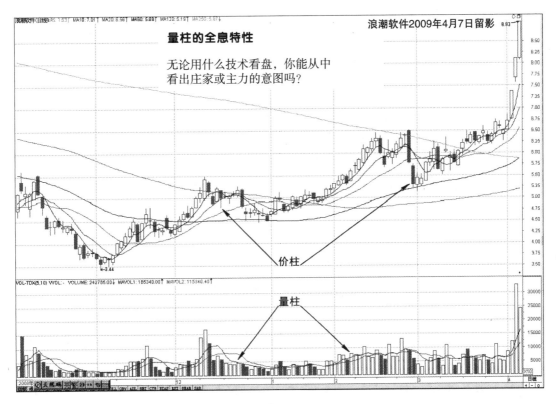

图1-1

有没有办法将这些无序的东西有序化，将这些零散的东西条理化呢？为此，前人发明了许多方法，诸如均线、K线等技术指标，试图从中找到可供借鉴的规律，但是，越找越麻烦，越用越玄乎。甚至有人说：技术指标已成为主力戏弄技术派的工具。例如，他们可以故意在均线和K线上做点手脚，这的确可以戏弄人、玩弄人、捉弄人，但是，唯有一个东西是主力无法玩弄的，这就是"量柱"。

什么是"量柱"？

从形式上看，"量柱"就是走势图下方的VOL"红绿柱状体"。它是每时每刻实际成交状况的原始记录，它是未经人工修饰的、实实在在的量价结合体。成交量大它就高，成交量小它就低，股价涨了它就红，股价跌了它就绿。所以，原生性是它的天性。

从内容上看，"量柱"就是成交量形成的记录柱。说穿了，它是用真金白银堆起来的，要想做假也必须用大量的真金白银才能奏效，一般情况下得不偿失，因此庄家和主力很少对量柱做手脚。所以，真实性是它的个性。

从本质上看，"量柱"就是买卖双方在某一时段、某一价位殊死拼搏后的暂时平衡柱，是供求双方对立统一的量价平衡体。每一根量柱，都记录着买卖双方讨价还价、你死我活的较量，它反映了股票运行的全部信息，蕴藏着股市涨落的全部奥秘，即"量变引起质变"，因此它必然隐藏着股价涨跌起伏的全部规律。所以，全息性是它的本性。

量柱的原生性、真实性、全息性，反映了"量变引起质变"的全部信息，蕴藏着"量变引起质变"的全部规律，因此，以"量变引起质变"为哲学基础的量学理论，是任何一种技术指标不可替代也无法比肩的。从大量的研究中发现，量柱可以将无序的走势有序化，也可以将零散的价柱系统化，还可以将庄家的操盘思路节律化。

第二节　量柱的孪生特性

既然"量柱"如此重要，为什么前人不去深入研究呢？的确有人研究过，但相对于均线、K线等技术指标却要少得多，就本人孤陋寡闻搜寻的资料来看，除了有个别人对量柱有所提及、有所研究之外，迄今为止，全世界还没有一本揭示量柱规律的系统著述问世。

为什么前人不能对量柱进行系统的研究呢？主要原因是：前人研究股票时，计算机还没有问世，只能手工进行笨拙的统计运算，因此，他们选择了最简单最直观的价格走势来进行研究，所以前人的研究路线是"价学"，只注重了"价柱"，而忽略了价柱的生存根基"量柱"。

所谓"价柱"，即走势图中位于"量柱"上方的与"量柱对应"的价格柱，传统理论称之为"K线"，这个"外来语"的翻译本身就是错误的，除了增添神秘色彩之外，它根本不能体现价柱的本质和特性。事实上，传统理论所说的"K线"，根本不是"线"而是"柱"，日本股市一直称之为"蜡矩"，我们量学返璞归真，用"价柱"取代"K线"，名副其实，实至名归，看盘眼光也由此提升一倍，抛弃了"线"的线性思维局限，进入了"柱"的立体思维境界。

"量柱"与"价柱"是完全对应的孪生兄弟。因为，每根"量柱"都是有价的，每根"价柱"都是有量的，它们二者是"根"与"叶"的关系。"量柱"是"价柱"的"根本"，"价柱"只是"量柱"的"枝叶"，甚至只是"标签"。例如，某只股票的净值是1元／股，但其股价可以是10元／股，也可以是100元／股，股价可以像浮云一样变幻莫测，但其股数却永远不变。所以，量是实体价是虚，价是浮云量是根。抓住了根，就抓住了价的灵魂。

将"量柱"和"价柱"对应起来看，即使一只股票中两根一模一样的量柱也会有截然不同的性质，这就是量学的魅力所在。离开"量柱"单纯地研究"价柱"，或者离开"价柱"单纯地研究"量柱"，都是不可能得到正确结论的。同样，本书所讲解的所有技法和方法，都是建立在量价统一的基础之上。一旦将二者结合起来，就可以将无序的走势有序化，也可以将零散的价柱系统化，还可以将主力的操盘思路节律化，收到洞若观火、一目了然的神奇效果。

下面，以图1-1的这幅股票走势图为例。将那些复杂的均线去掉，只要找到图中的倍量柱（即比昨日量柱高出一倍左右的量柱），然后在倍量柱的实底画一道水平线，图1-1就会发生神奇的突变：一幅清清楚楚、明明白白、起落有致、节奏分明、阶梯一样的走势图就会凸现在我们眼前。参见图1-2浪潮软件（600756）2009年4月7日留影。

请看图1-2：只要将"量柱"与"价柱"结合起来，让这一对"孪生兄弟"的特性展现出来，就会使普通的股票走势图发生质的蜕变。从"试探"到"建仓"，从"增仓"到"补仓"，从"震仓"到"启动"，线索清楚、节奏分明、高低有致、井然有序。如果你有这样一幅股票走势阶梯图，你岂不是可以任凭风浪起，稳坐钓鱼船了吗？你不是可以随心所欲地买卖股票，大大方方地赚取利润了吗？

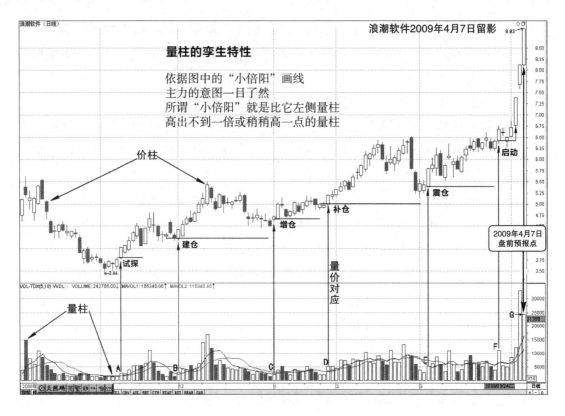

图1-2

第三节　量柱的衍生特性

面对图1-2的股票走势图，也许有人会说，这有什么了不起的，我在任何一幅图上都能画出这样的线条，逢低就买，逢高就卖。当然，作为事后诸葛亮，谁都可以看出哪里低哪里高。可今天2009年4月7日，上面这只股票从3.44元涨到了8.93元，涨幅接近两倍了，你说是该买还是该卖？我想，你一定不好回答。事后诸葛亮也许会棋高一着地说：赚了就跑呗！

可笔者要理直气壮地说：今天"价升量缩"，正是买入的最好时机，其第一目标位应该是10.02元；其第二目标位应该达到12元；其第三目标位应该在16元左右；其阻力位应该在"分配方案实施日"。

不信？这个预测已经发到"www.178448.com 股海明灯论坛"上，全国的网友都参与了这次验证。

谁有这样的底气？我们！掌握了"量学理论"的人都有这样的底气！因为

"量学预测"是基于成交量的技术分析，"量柱"的"原生性、真实性、全息性、孪生性"注定它可以洐生出"股市温度计"的角色。而反观K线、均线等单纯基于成交价的"价学"分析，显然舍弃了"量柱"所包含的大多数最重要的信息，只见树木，不见森林；而量柱温度计的预测，则是从股票自身的全部信息进行预测的，其实用性和可靠性必将大大增强。

请看图1-3浪潮软件2009年4月20日留影：

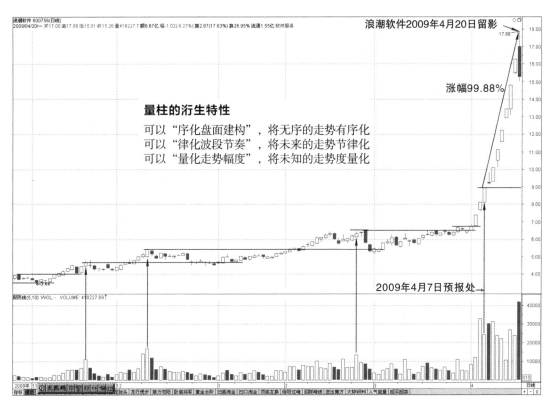

图1-3

如图1-3所验证：从图1-1的4月7日预报，至图1-3的4月20日截图，浪潮软件的最高价为17.88元，与图1-1盘前预报的目标价位完全相符。

事实说明，"量"是"实"的，"价"是"虚"的，以价论价，以虚测虚，预测时难免指鹿为马，遮遮掩掩；而以实论价，以实测虚，预报时必然看啥说啥，坦坦荡荡，所以我们敢于接受"实践检验"。

量柱的"原生性、真实性、全息性、孪生性"注定它必然可以"洐生"出"股市温度计"的功能，量柱的全息性和孪生性是其洐生性的物质基础，反过来，其湝生性和孪生性又可作为全息性预报的信息基础。因此，量柱的"三重特性"就物化为"三重序化"功能：

第一，它可以科学地"序化盘面结构"，将无序的走势有序化。

第二，它可以科学地"律化波段节奏"，将未来的走势节律化。

第三，它可以科学地"量化走势幅度"，将未知的走势度量化。

有序化，就能看清股票走势的来龙去脉，从过去预视将来；

节律化，就能看清股票走势的高低起伏，从现在把握未来；

度量化，就能看清股票价位的发展趋势，从已知预测未知。

以上，是从科学研究的角度对"量柱"的深层次科学剖析。作为一般投资人，可以像驾驶汽车那样不参与深层次的科学研究，只要从量柱和价柱的结合来研判走势、驾驭股市即可，千万不要只看"量柱"而忽视"价柱"，也不要只看"价柱"而忽视"量柱"。从此，你将看到一个崭新的、神奇的股票世界。

第2章

量柱的"三先规律"

关于浪潮软件精准而精彩的预报，许多人感到不可理解。当时，它从3.44元涨到8.93元，涨幅已接近两倍。这时预测其上涨尚可理解；若这时预测其还要翻番，那就不可思议了。是的，当你掌握量学的"三先规律"之前，你的确会感到不可思议；但是，当你掌握了量学的"三先规律"之后，你就觉得这是理所当然的了。量学问世十年来，股海明灯论坛"牛股预报"专栏预报的一系列牛票、龙票，都源于这个"三先规律"，详见本书后面的章节。

第一节　"三先规律"的基本内容

"量柱"不是天上掉下来的，不是任意杜撰的，而是全部市场信息的综合体现，因此，它必然有其生成和变化的内在规律。无论量柱如何变化，它必须服从如下三大规律：

第一规律：卖在买先——卖买平衡律

"卖在买先"是股票的原始天性。任何一只股票，从它诞生的那一天起就具备了"卖在买先"的特殊天分。首先必须有人卖出，才会有人买进，如果没有人卖出，你想买也买不到，除非你自卖自买自欺欺人。例如有这样一只股票，上市时是1000万股，被1000个人持有，只要这1000个人不卖，任何人也买不到这只股票，那么，这只股票的成交量必然是零。正是从这种意义上讲，任何量柱都是"卖出来的"，无卖必然无买，无卖必然无柱。这就是有些股票"无量攀升"的内在规律。近年来，次新股的超凡表现，充分证明了这个规律。

浪潮软件在4月7日的价柱涨停，而当天的量柱却缩小了三分之一，正好说明持股人不愿卖出，卖方与买方不能平衡，其后价格必然看涨。这就是我们预报的第一个理由。

持有这只股票的人什么情况下才会卖出这只股票呢？除了急等用钱者出手兑现之外，必须是"价格如意"才会卖出。这就引出了下面的第二个规律。

第二规律：价在量先——价量平衡律

"价在量先"是股票的交易天性。假如某只股票的发行价是10元，当前的市场价也是10元，除了急等用钱者出手兑现之外，肯定没有人愿意按10元卖出去。如果报价11元没有人卖，就会报价12元、13元……直到"价格如意"时，才会有人卖出。于是，可能在15元成交100手，在18元成交300手，在20元成交500手。由此可见，有价才会有量，无价必然无量。价与量的暂时平衡，才能形成一定的量柱。正是从这种意义上讲，任何股票的量柱都是特定时段特定价位的"价量平衡"标志。

"浪潮软件"4月7日的涨停，是在连续第三个涨停板时"价板量缩"的，持股人不愿在涨停价卖出，说明他们还在期待更高的价位。这就是我们预报的第二个理由。

在特定的情况下，什么样的价，造就什么样的量。价与量的对立统一，是股市永恒的主题，是"价在量先"的规律铸就了量柱的灵魂。价涨可以制造"卖出的欲望"，价跌同样可以制造"卖出的欲望"，谁是欲望的制造者呢？这就引出了下面的第三个规律。

第三规律：庄在散先——庄家导向律

"庄在散先"是股票的投机天性。"庄"就是"庄家""机构""大资金"的简称，"散"就是"散户""大户""中小投资者"的简称。在股市中，任何一个散户不可能主动地拉升和打压某只股票，只能被动地跟随和适应市场的某个价位，而价位的制造者首先是欲望的制造者，他们在制造"投机欲望"的同时，也制造着"投机数量"。

正是从这种意义上讲，量柱就是庄家的标志。任何一根量柱上都镌刻着庄家的实力、庄家的性格、庄家的意图、庄家的谋略……关键在于我们如何去把握、去分析、去适应这个庄家。

我们反复强调浪潮软件是在连续第三个涨停板时"价板量缩"的，第三个涨停板缩量，说明庄家或主力已高度控盘了，后市必有好戏。这就是我们敢于在其涨幅接近两倍时预测其可能翻番的第三个理由。

事实已经告诉我们，"三先规律"对浪潮软件的后市预测完全正确。

量柱的"三先规律"重在这个"先"字，"先"者，"预"也。根据量柱的三先规律，我们可以做出"三级预报"：

第一级是"阻力预报"；

第二级是"撑力预报"；

第三级是"涨停预报"。

同时，根据量柱的变化与组合，根据大势的人气和趋势，还可以细化出"盘前预报""盘中预报"和"盘尾预报"三级预测。

第二节 "三先规律"的神奇魅力

关于三先规律的具体运用，是一个完整的互动过程。其互动规律是：

"卖在买先"的规律，告诉我们每根量柱都是卖出来的，当没有人卖的时候，一般会呈现"价升量缩"的量价关系，后市一般看涨；反之则看跌。

"价在量先"的规律，告诉我们每根价柱都是量的标签，当价格上升的时候，一般会呈现"价升量跟"的量价关系，后市一般看跌；反之则看涨。

"庄在散先"的规律，告诉我们每根价柱的最高最低点，都与庄家主力相关，一般会呈现"真中有假"的量价关系，后市一般看庄；反之则看势。

例如，对浪潮软件的预报，当时它从3.44元涨到了8.93元，股价已经上涨约两倍，为什么还敢预报它，底气就在"三先规律"。

请看浪潮软件（600756）2009年4月7日预报前一天的分时图和当天走势图对比，如图2-1。

图中左上角的矩形框内，是笔者4月7日预报它的前一天（即4月3日周五）的分时图，它有如下非常关键的看点：

第一，看分时量柱。下午涨停之后的量柱，明显低于上午涨停之前的量柱；同时，下午打开涨停之后的量柱，明显缩小，特别低矮。根据"卖在买先"的规律，说明涨停价无人卖，打开涨停也无人卖，肯定还有更高价出现。后市看涨！

第二，看成交明细。涨停后全是零星散户在卖，谁在买呢？肯定是主力悄悄收集筹码！根据"庄在散先"的规律，主力在涨停价大肆收购股票，为的是卖更高的价钱。主力在涨幅达到两倍的位置收集涨停的筹码，肯定是这些筹码要在翻倍的位置出货才能赚钱，所以该股后市看涨，并且还要涨一倍！

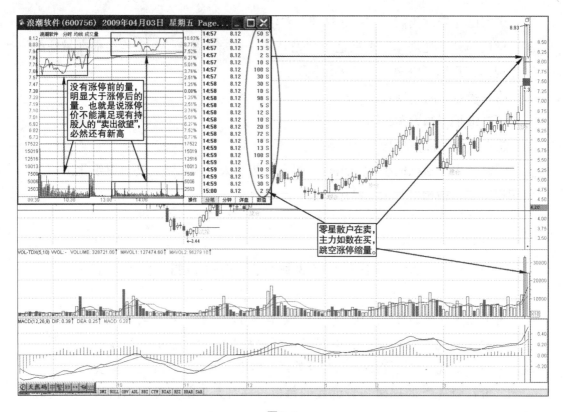

图2-1

第三，看次日量柱。因为该股前期已涨了近两倍，笔者当天虽然看好它却实在不敢预报它，所以必须根据次日走势来定。次日全天的量柱比前一天缩小四分之一，明显是价升量缩，大量惜售，目前价位不能满足持股者的欲望，根据"价在量先"的规律，该股日后必定大涨。所以才大胆发布预报。

你看，量柱的"三个规律"同时作用于这只股票，它当然要涨，并且不涨则已，一涨冲天。请看浪潮软件预报后8个交易日的走势图，如图2-2所示浪潮软件2009年4月20日留影。

浪潮软件从4月7日发布预报，到4月20日大阴盖顶，8个交易日内拉出6个涨停板。充分展示了"量学三先规律"的魅力。实践证明，涨停板不是天上掉下来的，也不是碰运气瞎蒙的，而是有规律的。

规律是可以"复遇"的。只要善于发现规律、运用规律，成功将伴随着你。

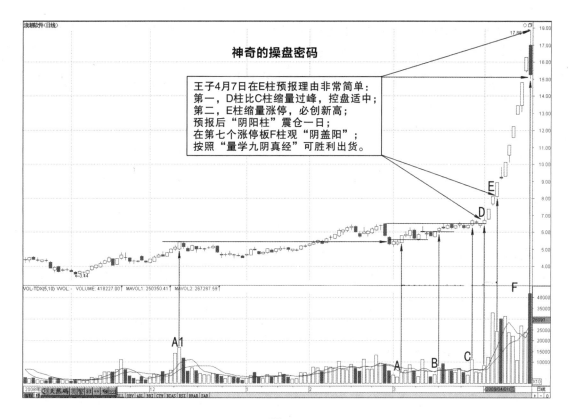

神奇的操盘密码

王子4月7日在E柱预报理由非常简单：
第一，D柱比C柱缩量过峰，控盘适中；
第二，E柱缩量涨停，必创新高；
预报后"阴阳柱"震仓一日；
在第七个涨停板F柱观"阴盖阳"；
按照"量学九阴真经"可胜利出货。

图2-2

第三节　"三先规律"的预报效果

为了验证"三先规律"的实效，笔者于2007年1月开始在"www.178448.com 股海明灯论坛"上坚持每天做免费的盘前预报，直至2009年4月，神奇的效果震惊了我自己和到访的网友！请看笔者"预报后1～10天内的涨停记录"：

2007年（典型牛市）盘前预报，累计成功预报217个涨停；
2008年（典型熊市）盘前预报，累计成功预报331个涨停；
2009年（牛熊杂市）盘前预报（至7月31日本书首版截稿日），累计成功预报229个涨停。

连续三年在各种市况下都能实现每个交易日一个涨停板的盘前涨停预报，恐怕很多人都无法做到吧？我们做到了。靠什么？靠"三先规律"，靠"股市温度计"的三级预测功能。当然，上述成绩只能说明过去，不能说明未来。一花独放不是春，读者的成功才是真正的成功。

本书2009年9月出版以来，许多读者主动参与了"www.178448.com 股海明灯论坛"的"伏击涨停预报大赛"。

伏击方法：每人每天只能预报3只股票（一字板的不得预报）。

涨停标准：收盘卖一为零算涨停，预报后1～5日内涨停有效。

截至2018年，共计有13780多人参与伏击涨停，其中有13100多人成功伏击到涨停板。从成功率来看，月赛前10名的成功率都在40%以上。其中：

2012年伏击涨停的年度冠军"蓝马涨停"全年预报281只股票，其中获152个涨停，成功率为54.09%。

2016年伏击涨停的年度冠军"蓝马涨停"全年预报923只股票，其中获500个涨停，成功率为54.23%。

2018年伏击涨停的年度冠军"maosc01"全年预报896只股票，其中获633个涨停，成功率为70.65%。

笔者的成绩显然落后于上述读者，其间只勉强当了三次月度冠军。在人才辈出的股海明灯论坛，在藏龙卧虎的中华大地，笔者丝毫不敢懈怠，本书就是采用"边预报、边写作、边验证、边总结"的方式写出来的。目的是"用实践验证理论，用理论指导实践"。

有人劝我别这样给自己增加压力，我说：压力就是动力，真金不怕火炼。股市温度计如果不敢经受股市的实践检验，怎么能称之为"股市温度计"呢？

有人说：股市温度计的奥秘一旦公诸于世，主力岂不是又可以像用"传统理论"玩弄投资人那样，又用"量学理论"来玩弄投资人吗？我说：且慢，"量学理论"与"传统理论"的重要区别在于，二者的看盘方法和操盘逻辑完全不一样：

传统理论的实质，是按照"发明人"的"线形思维"来预判后市，它类似于按图索骥，主力用资金修改一个数据就能改变所有数据来骗人。

量学理论的实质，是根据"操盘人"的"立体思维"来预判后市，它类似于警察破案，只要发现有人作案，就能顺藤摸瓜将其缉拿归案。

从这种意义上讲，量学就是"股市侦探学"。要想学好量学，首先要学会当好股市警察。如果有人想用量学来骗人，只要他一出手，我们就能看到他的狐狸尾巴，所以，谁想借用量学理论来误导投资人，只能是搬起石头砸自己的脚。主力不会这么傻干，我们也就不要这么傻想了。

第3章

量柱的"三维特征"

第一节 量柱是"有形"的实体

量柱是"有形"的实体，高低红绿就是"量形"的外在表现形式。如图3-1大智慧（601519）2014年1月28日留影：

①为"高量柱"，即当前阶段最高的某根量柱；

②为"低量柱"，即当前阶段最低的某根量柱；

③为"平量柱"，即高度基本相等的几根量柱；

④为"倍量柱"，即比昨日量柱高一倍的量柱；

⑤为"梯量柱"，即比昨日量柱逐步抬高的量柱；

⑥为"缩量柱"，即比昨日量柱逐步缩小的量柱；

⑦为"黄金柱"，即由缩量柱支撑的上涨的基柱。

这些量柱的实质是"已经成交的记录"，绝非在盘口堆集的或真或假、可撤可成、可增可减的"买一、买二……卖一、卖二……"等数字游戏。既然它是"成交记录"，必然就有"成交价格"，所以其完整的表现形式离不开"量柱"的孪生兄弟"价柱"。因此，我们所说的"量形"应该是"量柱+价柱"的合体。即每根"量柱"都是有价的，每根"价柱"都是有量的，"量价合一"才是其真正的"量形"。

如果把量柱和价柱结合起来看，即使是同样的量柱也有截然不同的含义。如图3-1所示，A、B、C这三根同样高度的量柱，A柱后面大涨，B柱后面大跌，那么C柱后面将是什么走势呢？量学原理告诉我们，C柱所对应的量价建构属于合力黄金柱，所以C柱后面必然上涨，并且要大涨。这就是同样的量形，量性变了，所以其后势就要变。

正因为量柱的这个特征，它可以真实地反映出主力的体温和体质，还能真实地展示主力的动向和意图，所以量柱是股票温度计。主力可以利用人们所熟悉的

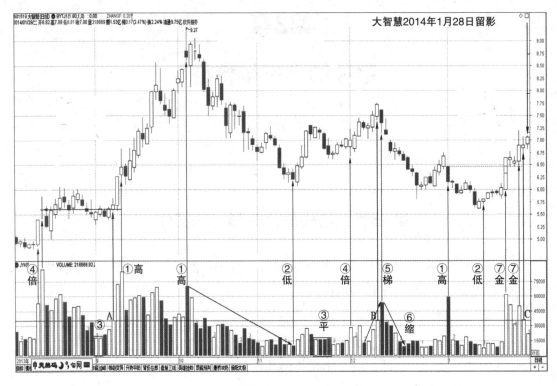

图3-1

技术指标，在价柱和均线上玩弄出许多骗人的把戏，但是，他们却无法在量柱上欺骗人们的眼睛。一个最根本的原因就是：主力的钱再多，也不可能将量柱缩短，只能将量柱加长。所以，量柱越大，越是主力的主观行为；"量柱"越小，越是市场的自然行为。因此，"量形"具有"衡量主力"的特征。

正是从这种意义上讲，看懂了量柱，就看懂了主力。抓住了量形的变化轨迹，就抓住了主力的运作思路。这就是"量形"的重要作用。

第二节　量柱是"有性"的实体

人有人性，树有树性，连花草都有个性，股市中的"量柱"当然也有其"量性"。量柱的"阴阳、真假、盈亏"就是它的"量性"。如图3-2高鸿股份（000851）2014年1月28日留影。

量学认为，量性主要体现在"阴阳、真假、盈亏"六个方面：

科研工作"抓重点、找关键"的原则，我们从浩如烟海的量柱形态中筛选出六种最容易识别的、一眼就能看出的量形，即"高量柱、低量柱、平量柱、倍量柱、梯量柱、缩量柱"，这六种"量形"足以概括万形。

第二，从"量性"上看："量性"是比出来的，运用"就近左推对比法"，量性可以归纳为"真假胜输强弱"六大类，因此上述六种形态至少可以推演出36种个性，我们这里筛选了七种最容易掌握的、最具有实战价值的量柱，即"试探柱、建仓柱、增仓柱、补仓柱、震仓柱、启动柱、拉升柱"，这七种"量性"足以衡量万柱。

第三，从"量级"上看：以上七种量柱均可以升级为王牌柱。王牌柱有将军柱、黄金柱和元帅柱这三个级别。这三种王牌柱统领着千军万马，导演着惊心动魄、波澜壮阔的股市风云。"量级"最高的是元帅柱，其次为黄金柱，再次为将军柱，它们是市场动能的焦点，所以是我们分析的要点，也是本书讲解的重点，更是读者需要吃透的难点。王牌柱不是以大小来衡量的，也不是以高低来衡量的，更不是以红绿来衡量的，王牌柱的实质是市场力量此消彼涨的"温度计"，是主力经历了复杂的炒作过程之后精心组织的核心支点。

现在，我们在图3-1中增加三个方框，并标注相关内容，形成图3-3，请大家初步体会一下"看量形→识量性→定量级"的作用：

中间方框指示的两根高量柱（看量形，识量性，高量柱后的正常规律看跌），果然其后都是大跌；

左边方框指示的两根高量柱（看量形，识量性，高量柱后的反常规律看涨），果然"该跌不跌看涨"，量性转化，后势转化；

右边方框指示的两根高量柱（看量形），其后由缩量柱支持其量性转化为黄金柱（识量性），三日内出现又一黄金柱，为合力黄金柱（量级升华），所以此后必然大涨。

量学看盘的独到之处，就是从"正常规律"中去发现"反常规律"，也就是从"该跌不跌"或"该涨不涨"的"第一拐点"去捕捉"最佳战机"。这就是量学看盘选股往往能先人一步的奥秘。

由此可见，看"量形"、识"量性"、定"量级"，就是本书的精华。

将军柱、黄金柱和元帅柱是量学的独创，是本书的核心，更是引导人们走向成功和喜悦的支柱。让我们在"黄金柱"的指引下，去领略黄金线、黄金梯、黄金仓、黄金劫、黄金道的无限风光，进入一个神奇的世界。

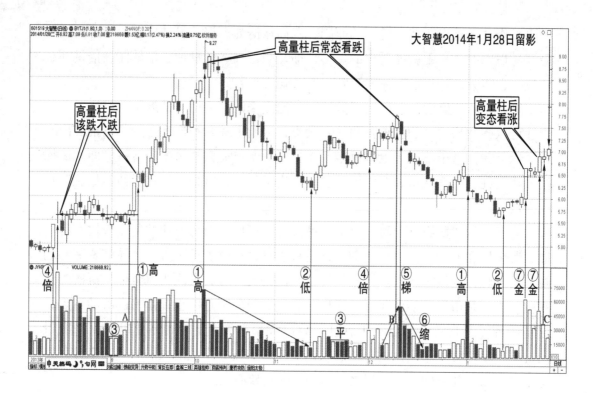

图3-3

第4章
量柱的"测市功能"（量学三一二一标尺）

量柱是股市温度计，可是量柱都是光秃秃的柱子，没有刻度，怎么可以做温度计呢？为了解决这个问题，量学破天荒地给量柱设定了客观科学的公允刻度，同时，也给价柱设定了客观科学的公允刻度，有了这一套公允刻度，量柱就有了客观科学的标准和标尺，量柱就真正具备了温度计的测市功能。运用这个标准和标尺，量柱就能客观公允地预测股市，甚至可以预测出股票背后那个主力的实力、能力及其操盘意图，因此，还可以根据主力的行为轨迹，测出这个主力的强弱。

请看图4-1量学三一二一标尺及标准：

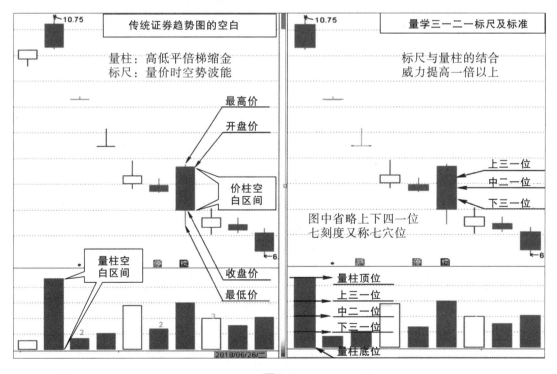

图4-1

图4-1左边，是传统证券走势图，传统观念只有开盘价、收盘价、最高价、最低价四个要素，而量柱则是光秃秃的，什么也没有。也就是说，传统理论的量柱和价柱上没有任何刻度，而我们的量学首次填补了这个空白。

图4-1右边，是"量学三一二一标尺及其刻度"，其基本原理是，将量柱或价柱的柱体看作一根标竿，标竿的二分之一处为"二一位"（即中分位），标竿的三分之一位为"上三一位、下三一位"（即三分位），于是，任何一根量柱或价柱上面就有了7个刻度。

用价柱看盘，应看到价柱上有"上三一位、中二一位、下三一位"连同"开盘价位、收盘价位、最高价位、最低价位"这7个刻度。

用量柱看盘，应看到量柱上有"量柱顶位、上三一位、中二一位、下三一位、量柱底位"（省略了上下两个四一位），也是7个刻度。

经过大量数据测算，量柱的底位和上下四一位意义不大，而三一位和二一位特别重要，为了强调其重要性，量学将其简称为"三一二一标尺"，使用"三一二一标尺"判势选股的方法，简称为"三一二一战法"。

第一节　"量柱三一二一标尺"的标准和用法

量柱顶位：是量化某根量柱属于什么量形的标竿。量柱形态的"高低平倍梯缩金"都由"量柱顶位"来决定，所以，"量柱顶位"是量化、区别和划分所有量柱形态的标尺和标准。

缩量三一：是衡量主力控盘较好的标准。大家知道，每根量柱都是卖出来的，走势中突然缩量三一，肯定是主力控盘良好，不愿卖货的标志。若是下跌走势中突然缩量三一，肯定是主力打压股价，而他自己却很少卖货，所以下跌缩量三一，就是假跌；若是上涨走势中突然缩量三一，肯定是主力控盘良好，意在高远，后市将有更高价位或中到大阳出现。

缩量二一：是衡量主力控盘良好的标准。原理同上，若下跌缩量二一，比下跌缩量三一更凶狠，更能看出主力控盘到位，压价洗盘，而主力自己没有卖货，其下跌就是假跌，因此下跌缩量二一比下跌缩量三一预判假跌的效果更好，高出了一个级别。

缩量三二：是衡量主力控盘很好的标准。原理同上，可预判主力控盘很好，若下跌缩量三二，即可预判肯定是假跌，之后必有真涨，其预判效果比缩量二一还还要高出一个级别。

缩为百低（百日低量）：是衡量主力控盘极好的标准。原理同上，其预判效果最好，这是主力利用"休克疗法"试探市场底部的最佳手段，一般情况下，缩为百低之后，底部就不远了；特殊情况下，有些贪婪的主力往往会在百低之后再出百低，甚至出现三次或五次百低，形成百日低量群之后，才会拔地而起。

位置决定性质：一般规律是"缩量××"出现在不同的位置，会有不同的意义。例如，若价柱在低位悬空（没有他平衡、自平衡支撑），即使出现缩量三一二一，也难引发中到大阳；相反，若价柱在高位触底（具有他平衡、自平衡支撑），一旦出现缩量三一二一，也能引发中到大阳。我们要根据具体情况具体分析，才能找到合适的伏击圈。

请看图4-2鹏翎股份（300375）2019年9月20日象留影。

如图4-2所示，A、B、C三处缩量三一假跌，假跌必有真涨，可以预判日后一旦反弹，第一目标位将打到A价柱实顶处；

D柱：缩量二一，且缩为百日低量（简称百低），说明主力控盘很好，底部近在眼前，此后横盘五日，长腿破底测底后，E柱缩量三一站到左阳长腿柱的实底之上，说明反弹即将来临，此后果然连续向上；

F柱：长阴短柱精准回踩左阳实底，此后再度大涨，因为第三级涨势凌厉，必然强势洗盘，G柱再次缩量三一，清洗跟风筹码；

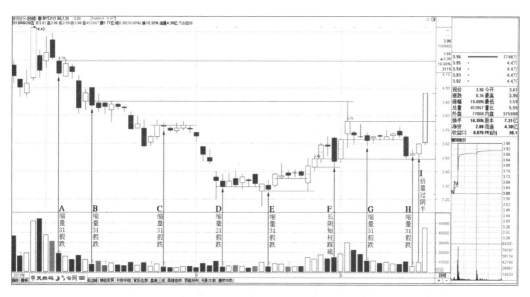

图4-2

H柱：缩量三一，收在前一日长阴短柱实底上方，有探底成功之象，次日I柱小倍阳过阴半，"倍阳过阴半，进入伏击圈"，次日（2019年9月20日周五），该股逆市涨停。本例截图次日（2019年9月23日周一），大盘大跌40多点，该股却再度逆市涨停。

由此可见，量柱的三一二一刻度，能科学准确地度量主力行为和实力，并根据主力行为和实力来预判其股票未来走势。从这个意义上讲，量学看盘选股，不是选股，而是选人，就是选有实力、有潜力的主力。

第二节 "价柱三一二一标尺"的标准和用法

"价柱三一二一标尺"的出现，是股票研判史上的一个重大创新。根据"价柱三一二一标尺"，我们可以准确度量主力的实力和能力，度量主力每一个达标动作后面的方向和趋势。

例如，股价从上往下运行时，运用三一二一标尺判势（以阳度阴），通常以左侧中到大阳为基柱来研判，有时，根据小到中阳也能作出预判：

上三一位：强势位，股价从上往下不破上三一位，看涨；

中二一位：平衡位，股价从上往下不破中二一位，看平；

下三一位：弱势位，股价从上往下跌破下三一位，看跌。

请看图4-3智光电气（002169）2019年9月23日象留影：

A柱：不破左阳上三一位，预判大涨，次日果然大涨；

B柱：不破左阳中二一位，预判看涨，次日果然大涨；

C柱：跌破左阳中二一位，预判看跌，次日果然下跌；

D柱：跌破左阳的实底，预判大跌，次日果然大跌；

E柱：不破左阳上三一位，预判大涨，次日果然大涨；

F柱：不破左阳上三一位，应该大涨，三日后二连阳大涨；

G柱：不破左阳中二一位，预判该涨，次日果然大涨；

H柱：不破左阳上三一位，预判大涨，次日果然大涨；

I柱：不破左阳上三一位，预判大涨，次日果然大涨；

J柱：不破左阳上三一位，预判大涨，次日果然大涨；

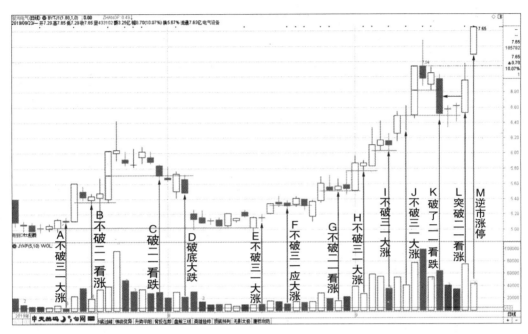

图4-3

K柱：跌破左阳二一位，看跌，当日大跌，触底后横盘；

L柱：突破左阴二一位，看涨，次日逆市涨停。

【A～K柱都是"以阳度阴"，就是以左侧的中到大阳柱为基柱，度量左侧阴柱所处的位置，来预判此后走势；L柱则是"以阴度阳"，就是以左侧的中到大阴柱为基柱，度量右侧阳柱所处的位置，来预判此后走势；二者的基本原理是一样的，大家可以找来任意案例进行预判。如果将"量柱三一二一标尺"和"价柱三一二一标尺"结合起来使用，效果就更好了。】

请看下面的内容。

第三节　"量价三一二一标尺"的标准和用法

以上讲的是"量柱三一二一标尺"和"价柱三一二一标尺"的分别运用，实际看盘操盘过程中，是将"量柱三一二一标尺"和"价柱三一二一标尺"结合起来综合运用，其研判效果和研判质量将大幅提高。

请看图4-4天神娱乐（002354）2019年9月23日留影"：

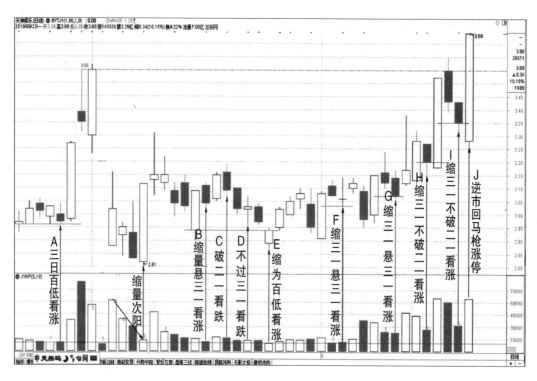

图4-4

A柱：连续三日探底缩为百低，看涨，次日果然涨停；

B柱：缩量下跌不破左阳三一，看涨，次日果然跳空向上；

C柱：高开低走破左阳二一，看跌，次日果然大幅下跌；

D柱：低开高走不过左阴下三一，看跌，次日果然大跌；

E柱：缩为百日低量探底，看涨，此后连续三天大涨；

F柱：缩量三一下跌不破左阳上三一，看涨，次日跳空上涨；

G柱：缩量三一下跌未破左阳二一，看涨，次日跳空大涨。

H、I柱：缩量三一下跌未破左阳二一，看涨，次日均是涨停。

2019年9月23日周一，受特朗普扬言将中国输美商品征收100%的关税，大盘跳空大跌46点，我们北大量学特训班和量学云讲堂基训班的同学们周五尾盘擒拿的天神娱乐却逆市涨停！真是大快人心！

由于有了三一二一刻度，没有标尺的量柱，仿佛有了标尺；没有生命的量柱，仿佛有了生命；有了三一二一刻度，我们就能从右侧的走势与左侧的量价对应关系中，准确研判出其后的走势。

以上案例，只是一般性正常状态，成功率在80%左右，如果一旦发现反常状态，我们就要反向操作。图4-4所示天神娱乐的走势中，A柱右侧第三日缩量三一创新高，次日应该看涨，但实际却大跌，这是量柱测市错了吗？不是！这是突发证监会立案调查引发的大跌。

碰到这种反常状态，我们就要反向操作，A柱后第五、第六、第七日连续三天缩量三一，属于极阴，第八日价过第七日极阴二一位，就是极阴次阳伏击圈，我们用"缩量探底"的极阴次阳战法来对付，就能伏击一个涨停板。为了防止意外，我们必须遵循量学的"辩证操盘法则"，初学者切勿套用或滥用，必须在实践中多多体会，掌握其精髓之后方能实盘。

"量学三一二一标尺"不仅可以在日象中运用（见上述案例），还可在周象、月象、年象、时象等周期中运用，总之，可以在"量、价、时、空、势、波、能"这七种环境下全方位运用（见北大量学特训班的教材）。许多参加过北大量学特训班的同学都说："量学三一二一标尺"是一种全方位、全天候、全功能的战法，学好了这种战法，完全可以驰骋股市，遨游股海，成为一名机智过人的股市特种兵。许多量友希望王子将"量学三一二一标尺"写成一本书，目前王子的时间太紧（每天要用4小时看盘操盘，再用4小时写收评和预报，还要用4小时指导量学特训和基训），只好待有了空闲，一定写出《量学三一二一战法》一书，奉献给大家。

量柱为什么能够如此精准地预测后势？不仅因为量柱是"有形"的实体，可以帮助我们客观真实地预判后势；还因为量柱是"有性"的实体，可以帮助我们去伪存真地预判后势；同时，量柱还是"有级"的实体，可以帮助我们根据不同的级别做出不同的研判。

所以，看"量形"、识"量性"、定"量级"是量学的三个基本功，只有我们练好了这三个基本功，我们才能当好股市特种兵。

看"量形"有"三个层次"，识"量性"有"三个原则"，定"量级"有"三个标准"。请看下面的讲解。

第5章

"量形"的"三个层次"

成交量是股市的基础，没有卖就没有买，没有价就没有量，没有量就没有交易，没有交易就没有股市。正是从这个意义上讲，不研究量柱而研究股票，无异于缘木求鱼，舍本逐末。很多投资人哀叹：K线、均线的书我读了一大堆，大师小师的课我听了十几年，至今也没有找到赚钱的门路，一买就套，一卖就涨，即使碰运气小赚一点，到头来还是亏！原因在哪儿？在于你只求"虚"不务"实"，只知"线"不识"柱"。

"实"就是"量"，"柱"就是"量柱"。

第一节　看懂量柱的形态（第一层次）

量柱的形态可谓千姿百态、风情万种，怎样才能看懂呢？量学从科研的角度出发，以"最明显"和"最典型"为标准，将其归纳为"高低平倍梯缩金"这七种形态。除了这七种形态，再也找不到第八种形态了，这就叫作"科学分类"。

科学分类有强大的生命力，你看，音乐有"哆来咪发唆拉西"七种音符，彩虹有"赤橙黄绿蓝紫青"七种颜色，量柱有"高低平倍梯缩金"七种量柱，这种科学的自然巧合，无不令人拍案称奇。

要想看懂这七种量柱，必须遵循"就近对比"的原则，用"左推法"来判断。其标准是：向左看，用今天的量柱和昨天的量柱对比，"高低平倍梯缩金"一目了然。

请看图5-1"量柱的基本形态示意图"，只要"就近对比、向左看齐"，就能一眼看出如下七种量柱。

高量柱：就是某一阶段的最高量柱。可能是天量柱，也可能不是天量柱，只要比前后的量柱明显高出即可（见图中A、E、G所示高量柱）。其测市规律是：

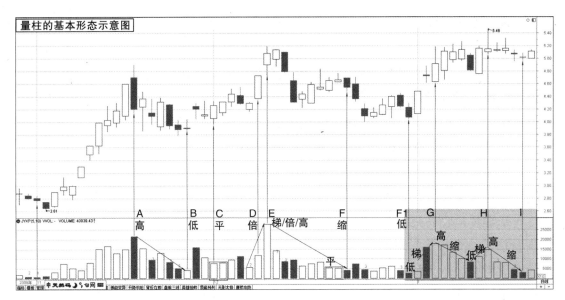

图5-1

高量柱后常态示跌，变态示涨。

　　低量柱：就是某一阶段的最低量柱。可能是地量柱，也可能不是地量柱，只要是某一阶段的明显最低的即是（见图中B、F1、I）。其测市规律是：低量柱后常态示涨，变态示跌。

　　平量柱：就是与昨日量柱持平或基本持平的量柱。它必须是两根或两根以上的量柱，其高度可以上下浮动3%～5%左右（见图中C柱及其次日量柱）。其测市规律是：底部平量柱常态示涨，变态示跌。

　　倍量柱：就是比昨日量柱高出一倍以上的量柱。它甚至可以高出几倍以上，但是最低要高出90%左右（见图中D、E柱）。其测市规律是：倍量柱后常态示涨，变态示跌。

　　梯量柱：就是比昨日量柱逐步升高的量柱。它应该一天比一天高，升高的幅度可大可小，只要逐步升高的就是（见图中A、E、G及其左侧的3根量柱）。其测市规律是：梯量柱后的常态是逐步走向衰弱，变态走向兴旺。

　　缩量柱：就是比昨日量柱逐步降低的量柱。它应该一天比一天低，降低的幅度可大可小，只要逐步降低的就是（见图中A、E、G及其右侧的3根量柱）。其测市规律是：缩量柱后的常态是逐步走向新生，缩为百日低量是行情向好的重要标志，变态是小涨即跌。

　　黄金柱：就是上述6种量柱的提升，它相当于音乐中的高音符，可以加到每根量柱身上，研判稍稍复杂点，放到后面专门讲解。其测市规律是：黄金柱后常态示涨，变态示跌。

从上面的图示可知：倍量柱、高量柱、低量柱可以是"一根量柱"，它们是"一柱定音"；而平量柱、缩量柱、梯量柱往往是"几根量柱"，需要"群柱定性"；有的量柱身兼数值，如图中E柱，它自身是倍量柱兼高量柱，与其左侧3根量柱组合形成梯量柱，与其右侧若干量柱组合又形成缩量柱。

"就近对比"有两种方法，一种是"向左看"，一种是"向右看"。

向左看：可以找到"平量柱、倍量柱、梯量柱、缩量柱"；

向右看：可以找到"高量柱、低量柱、黄金柱"。

初学者最容易犯的毛病是"简单类比"，例如，在I柱这天认为图中的E柱是高量柱。这个看法是对的，但违背了"就近对比、向左看齐"的原则。所以在I柱这天看盘，最近的高量柱是H柱。遵循"就近对比、向左看齐"的原则，才能避免千人千柱的无规律分类，进入千人一柱的有规律分类。

看懂量柱的7种形态，是"看量柱"的第一个层次，也是第一个基本功。看柱的原则就是"就近对比、向左看齐"，违背了这个原则，就没有标准了。建议初学者务必过好这第一关。

第二节　看懂量柱的变态（第二层次）

"量柱"是买卖双方在某一时段、某一价位上矛盾斗争的暂时平衡柱，是一个特殊的"量价平衡状态"。成交量大，量柱就高；成交量低，量柱就低；股价涨了，量柱就是红的；股价跌了，量柱就是绿的。它既是实际成交量的真实记录，更是买卖双方矛盾斗争的真实记录，说到底，它是供求力量在某一阶段某一价位拼搏之后的量价平衡之柱，对立统一之柱。

平衡之后的失衡，失衡的方向就是股价的走向。怎样才能及时发现失衡、发现失衡的方向呢？这就要求我们进入"看量柱"的第二个层次，即从量柱的常态中及时准确地发现量柱的变态。

要想及时准确地发现量柱的变态，前提是我们对量柱的常态要非常熟悉，只有熟悉了常态，才能及时准确地发现其变态。

例如，我的一位朋友下楼梯时脚踝扭了，拍了X光片，医生指着X光片对我说，是脚后跟骨折了，可我怎么也看不出是骨折。骨科医生笑了，他说，不光是你看不出是骨折，就是普通的医生也看不出。因为你们对脚踝骨的正常形态没有概念，脚踝骨出现变态了，你当然看不懂。

这时，我想到了股市。我们用量学原理发现了一只好股票，推荐给大家，许多传统技术高手怎么也看不懂，还说，这只股怎么看怎么不行！可是，过了一两天，这只股票居然涨停了。

为什么同样的一只股票，有人看好，有人不看好？这就是缺少"从常态中发现变态"的眼光。请看图5-2新天药业（002873）2019年9月27日留影。

请看图中D柱与E柱之间的量柱与价柱量价关系，其量柱和价柱的高低比例几乎相等，价柱涨多少，量柱也涨多少；价柱跌多少，量柱也缩多少；大家和谐相处、上下对称、高矮相近、上下平衡。

量柱与价柱之间这种高矮相近、上下对称、和谐相处的状况，就是常态。常态就是互相配合、非常融洽的形态。但是，E柱的量价关系与前面不一样了：

第一，它是长长的阴柱，对应着短短的量柱，量价关系非常不和谐；

第二，它有长长的下影线，超过了长长的阴柱实体，也非常不和谐；

第三，这个长长的下影线，一分钱不差地精准回踩左侧C柱的虚底，这就更不和谐了。

大家看看，E柱这样的状况，和前面所有的量价建构大不一样，属于鹤立鸡群、超群出众、异乎寻常的形态。这就是典型的变态。

只要发现了"异乎寻常"的变态，发现了量价不和谐、不对称，我们就要关注它，一不小心就会收获一份惊喜。我们北大量学特训班的许多同学就是在E柱发现该股"异乎寻常"而果断介入的，该股次日不仅大涨，而且逆市涨停！这就

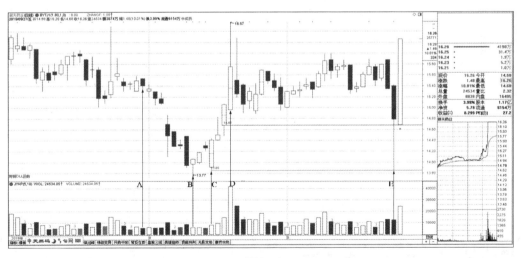

图5-2

是从常态中发现变态的好处。

从常态中发现变态，是"看量柱"的第二个层次，这个层次的修炼非常重要，只要修炼到位了，你的眼光就和别人大不一样，你就能发现别人没有发现的伏击机会，你就能创造超出常人的财富。这就是为什么同样是学量学的人，有的人能经常月利翻番，有的人却原地踏步的重要原因。

第三节　看懂量柱的动态（第三层次）

股票市场不是静止的，而是流动的、动态的。古人说三十年河东，三十年河西。但是我们的股市却是三小时河东，三小时河西，有时甚至是三分钟河东，三分钟河西。如果我们不能提前三小时或三分钟发现股市动向，不能顺应股市动向，我们就会在股市的长河中呛水，甚至溺亡。

要想看懂股市的动态，有很多方法，但是最简单、最直接、最及时的方法就是看懂量柱的动态。也许有人会说，量柱是死的，怎么会动呢？辩证法认为，量柱是死的，人是活的。我们就是要透过死的量柱，看到它后面的活动的人，进而看懂人的活动，找到进出时机。所以，看懂量柱的第三个层次就是要求我们把死的量柱"看活"，把股票后面那个活的人"看死"。这就是量学在股票市场上能够超群出众的一个绝活。谁掌握了这个绝活，谁就能在股市中超群出众。

请看图5-3上海亚虹（603159）2019年9月27日留影：

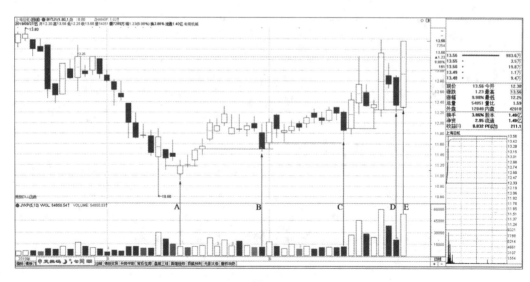

图5-3

我们只要看懂了图5-2所讲解的内容，完成了第二层次的修炼，再来看图5-3的股票走势，就立刻可以找到三根"长阴短柱"。

第一根是B柱，它后面的行情是逐步向上的；

第二根是C柱，它后面的行情也是逐步向上的；

根据上面两根"长阴短柱"后面逐步向上的规律，当第三根"长阴短柱"出现后，是不是可以预测其后面的走势也是逐步向上呢？肯定是。因为，任何一个人的动作习惯一旦形成，它将会不断地重复这个动作。例如，一个乒乓球选手一旦形成了自己的风格，这种风格将会贯穿他的所有赛事。股票市场上的选手也是如此。

图5-3的股票操盘手在B、C两处使用"长阴短柱"成功使股价向上了，当D柱第三次出现"长阴短柱"后，其后面的走势肯定也会逐步向上，但是，由于D柱缩量三一，并且D柱和它左侧的量柱连续两日缩量三一。连续两个缩量三一，等于缩量二一。缩量幅度越大，表示主力控盘力度越大，可以预测的是，D柱后面的走势肯定强于B、C两处。

正是基于上述动态分析，我们量学云讲堂基训班的同学认为该股有涨停的潜能，于是他们在D柱伏击了该股，次日，该股不负众望，逆市涨停。这就是看懂了量柱的动态趋势之后获得的奖赏。

量柱的动态分析，就是对主力的动向分析，就是提前发现主力将要做什么，从而顺势参与主力的动作，这样一来，我们散户是不是就钻进了主力的队伍？

跟着主力走，人人是高手。看懂了量柱的动态，就给我们提供了识庄、选庄、跟庄的抓手，抓住了这个抓手，我们散户就可以跟着主力大块吃肉、大碗喝酒了。

量柱这个东西是死的，但只要看懂了它后面所隐藏的活人，量柱也就活起来了。因此，从量柱的形态到量柱的变态，从量柱的变态到量柱的动态，是一环套一环的三个层次，缺少任何一个层次都难以取得成功。

正是从这种意义上讲，看懂了量柱，就看懂了主力；抓住了量柱的变化轨迹，也就抓住了主力的运作思路。

从量柱的历史和现状去探寻买卖力量发展变化的未来，是"量学"的核心价值：它可以帮助我们沿着"既成事实"的轨迹，事先预见"发展动向"，并事先制定"操盘策略"。

事实告诉我们，这三个层次的修炼，其乐无穷！

第6章

"量性"的"三个原则"

人有"人性"，股有"股性"，量也有"量性"。

"量性"就是"量柱的性质"。前面提到的"低量柱、高量柱、倍量柱"等等，都是量柱的形状，而"支撑柱、将军柱、黄金柱"等，就是量柱的性质。"量性"是量柱在特殊位置（空间）、特殊时段（时间）、特殊性能（积极与消极）的集合。它是我们分析量柱在特定位置、特定时段、具有特定价值的依据。离开了"量性"来单独看待"量柱"，就有可能陷入"形而上学的泥潭"。这正是我们有些投资者单凭几根"量柱"判势失误的根本原因。

"量性"可以分为"积极的量性"和"消极的量性"两大类。简单地讲，"积极的量性"是"乘法效果"，是原有量性的升华；"消极的量性"是"除法效果"，是原有量性的退化。从操盘学的角度讲，就是要求我们从千变万化的量柱组合中，抓住"量变产生质变"这根主线，及时发现和抓住"量性的升华"，及时避免和抛弃"量性的退化"，从而进入"窥斑见豹"的境界。

下面以倍量柱为例，讲讲量性的确认、升华与退化。

第一节　量性的时间转化原则：三日定性

俗话说："一个篱笆三个桩，一个好汉三个帮。"股市上，往往很好的一根倍量柱，如果没有好的"帮衬柱"，它也会毫无价值。其"量性"的升华与退化，主要是由"该柱后面三日"的变化来决定的，无论该柱当前的状态如何，只要其后三天的量柱有下列情况，它将发生质的变化，这就是我们强调的"三日原则"。

（1）如果该柱后三日的量柱"价升量缩，逐步走强"，那么，这个量柱的

质量将得到升华,获得王牌柱的身价;

(2)如果该柱后三日的量柱"先阴后阳,先弱后强",那么,这个量柱将改头换面,官升一级;

(3)如果该柱后三日的量柱"阴阳相间,有气无力",那么,无论是倍量柱还是高量柱,其量性都将退化,其走势可能面临调整;

(4)如果该柱后三日的量柱实体"逐步缩小,先强后弱",那么,这个量柱的量性将衰退,甚至,将面临牺牲。

请看图6-1福星股份(000926)2009年5月14日留影。

图6-1

如图6-1所示:

A柱:是倍量柱,其后三日股价升高,量柱缩小,第三日又是一个倍量柱,明显是"逐步走强",使这个小小的倍量柱身价迅速提升为黄金柱。

B柱:是倍量柱,其后三日"先强后弱",特别是第三根量柱巨阴下挫,后市必然有调整,幸亏没有跌破B柱的最低价位,否则,这根倍量柱将一钱不值,此时最多只能算是"次黄金柱"。

C柱:是个很不起眼的小倍阳柱,但因次日C1柱跳空,C1柱后三日收盘均价未破C1柱实顶，所以C1柱成了黄金柱，那么C柱自然升级为元帅柱。

C2柱：是个不起眼的小小的"高量柱"，其后第一日是一根高开低走的缩量假阴柱；其后第二日是缩量一倍的小阴柱，但其收盘价站到了C2柱的最低价上方；其后第三日C3小倍阳盖阴，量柱温和放大稍稍盖过C2柱；C2后面连续三日的量柱明显是"先弱后强"，令这个不起眼的"矮将军"升华为"黄金柱"。

C3柱：是个不起眼的小倍阳柱，但是其次日跳空向上，接着又是两个小跳空向上，这就是后面将要讲到的三元连动，将C3这个不起眼的小倍阳升级为元帅柱。正是有这四个元帅柱的撑力，该股日后的走势非常强劲。

D柱：是个不明显的"高量柱"，其后三日"价升量缩，逐步走强"，让这个不明显的高量柱得到升华，成为非常难得的元帅柱。正是有这个元帅柱的撑力，该股一飞冲天。

E柱：是个最明显的"倍量高量柱"，可惜其后三日的量柱是"阳后双阴，量价齐落"，量性陡然退化为"次黄金柱"，其后股价跌破其实底，遭遇了长达8天的调整，最后在低量柱E1的支撑下，拉出一根"倍量柱"才勉强摆脱危局，但是，好景不长，又陷入长达一个多月的调整。看看，一个好端端的高量柱就这样退化了。

F柱：虽然是不起眼的"平量柱"，但是其后三日是"阳→阴→阳"的缩量柱，价升量平，含蓄而有后劲，使之身价倍增，成为名副其实的黄金柱。由于这根黄金柱的撑力，让庄家看到了希望，借助其撑力，迅速拉起一根倍量柱，力挽狂澜，结束了长达三个月的艰难跋涉。

G柱：身兼"倍量柱"和"高量柱"双重职务，其后三日又是"阳→阴→阳"逐步缩量向上，形成了典型的"收敛三角形"走势。后市只要不跌穿G高量柱的实底，该股将再创新高。

第二节 量性的空间转化原则：拐点定性

这里的"空间"，指的是量柱所对应的价柱在走势图上的位置。位置决定性质。从空间位置上看，有如下几个值得注意的关键点：

一、平台起柱
就是在价柱整理平台上突然出现倍量柱，例如2009年5月11日周一盘前预报的红阳能源（600758），是因为它于5月8日周五在调整平台上起了一根倍量柱，我们周一预报，此后该股横盘调整五天即逐步拉升。至5月20日周三，大幅调整，该股却逆市涨停。这就是"平台倍量柱"的作用。

二、凹口起柱

就是价柱逐步回调形成凹口的时候，突然竖起一根中到大阳的量柱，最常见的是"凹口倍量柱"，例如2009年5月14日盘前预报的天目药业（600671），就是发现该股5月14日在突破凹口时拉起了倍量柱，此后该股于5月15日周五涨停，周一缩量调整，周二5月19日再次涨停，周三5月20日逆市涨停后，尾盘回落，依然保持6.63%的涨幅。

三、过顶起柱

就是在价柱冲过与前期平行的左侧峰顶时，突然竖起一根中到大阳，最常见的是"过顶倍量柱"。

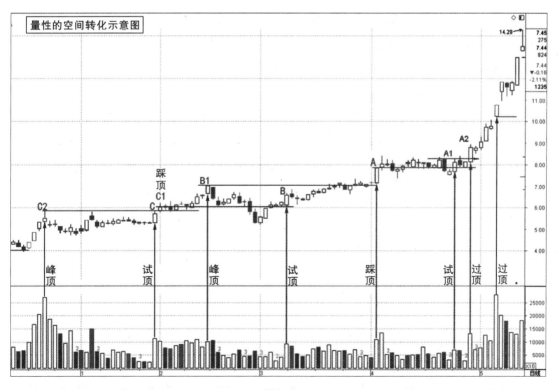

图6-2

来看图6-2大连金牛（000961）2009年5月20日留影。

这是学员"雪狼"抓住的大连金牛。请看图中A、A1、A2三个倍量柱：

A柱：是踩着B1柱顶部的突破，它是踩顶倍量柱；

A1柱：是对A柱实顶的突破，所以是过顶倍量柱；

A2柱：是对A1柱虚顶的突破，所以是过顶倍量柱。

B柱：是踩着C1柱的试顶，然后碎阳慢升，兵临城下，才有A柱的突破；

A1柱：过A峰试顶，然后七个碎阳慢升，进入主升浪。〔A1右侧的阴柱是假阴真阳，所以是七个碎阳慢升。"碎阳慢升"是量学的一个小战法，有时可以是"小阴小阳碎步慢升"，所以又称之为"碎步慢升"战法。〕

四、触底起柱

就是在右侧价柱触及左侧峰顶线之后的"顶底互换"，我们称之为"触底倍量柱"。例如图6-2中的A柱，踩着B1柱的峰顶线起柱；再如C1柱踩着C2柱的峰顶线起柱；B柱踩着C1柱实顶线起柱。为了叙述的直观，我们有时也称之为"踩顶起柱"。

以上四种类型，都是"阶段性拐点"的重要标志，处在这些位置上的倍量柱，一般具有王牌柱的性质，可以独当一面，充当栋梁的角色。而凡是没有处在拐点位置的量柱，其量柱的性能很可能弱化、退化乃至牺牲，一根再好的量柱，一旦牺牲了，它就失去了原有的量性。

例如，我们有位量友发现了一根过顶倍量柱，以为它可以帮助其擒拿涨停，但是这根倍量柱后面三日跌穿了其实底，可这位量友还在等候它涨停，这就大错特错了。失去原有量性的量柱，我们就不要再指望它有什么建树了。即使其后势收复失地，起死回生，它也不是主要力量。例如，量学战法中的"三阳连动"，是指间隔的三个小倍阳一个比一个抬高，如果第一个小倍阳与第二个小倍阳的高度一样，这两个小倍阳就只能算一个小倍阳，实际是"二阳连动"。这里也体现了"位置决定性质"的原理。

第三节　量性的组合转化原则：集合定性

单凭一根量柱预判其未来走势，是形而上学的臆断；通过几根量柱及其"量柱群"的综合研判，才是科学的预测。因为任何一根量柱的阴阳高低，都不是孤立的、静止的运动，所以我们要用辩证的、动态的、发展的眼光来观察量柱的阴阳高低。量性的组合转化，是对"量变产生质变"的最好诠释。

请再看图6-2，其中有几个重要的看点。

一、低量柱+倍量柱

A柱的左侧是本阶段的"低量柱"，A柱却是"倍量柱"；

C柱的左侧也是本阶段的"低量柱"，C柱却是"倍量柱"；

A1倍量柱和A2倍量柱，其左侧都是低量柱。

这种"低量柱+倍量柱"的组合，是主力采用"休克疗法"探底之后，心中有数的主动拉升行为，其后市必然大涨。从这只股票采用的同一种手法，也可以看出该股是一个主庄所为，其打压和拉升的手法几乎一致。如果我们在A柱之前摸准了主庄的操盘手法，在A1处就敢大胆介入，享受坐轿飙升的无穷乐趣。

二、倍量柱+倍量柱

例如我们2009年3月25日盘前预报的长力股份（600507），是因为看到它3月25日的倍量柱，可预报后的3月26日又拉一根倍量柱，其后涨幅必然翻番，该股预报时的股价是3.93元，经过13个交易日，在4月16日即达到5.51元。

又如我们2009年5月15日盘中预报的天目药业（600671），5月13日和5月14日连续拉出两根倍量柱，我们发出预报后，其后涨势喜人。

这种集合，一般出现在阶段性底部，往往是主庄控盘很好，急于拉升的一种体现。但是要注意"物极必反"，若出现连续三根倍量柱时，最好是持币观望，不宜仓促介入。

三、倍量柱+缩倍柱

缩倍柱是缩量柱中的精华，即比前一日缩量一倍以上的量柱。因为其高度只有前一日量柱的二分之一，我们简称之为"缩量二一"；若是比前一日缩量三分之一，我们就简称"缩量三一"；有时候，若是连续两个"缩量三一"出现了，就相当于一个"缩量二一"。例如2009年5月13日盘前预报的通宝能源（600780），是因为它5月12日缩量一倍，预报第二日开始即连续上涨，几乎不回头。

请看图6-3靖远煤电（000552）2009年6月12日留影。

图中的A柱倍量拉升，间隔一日后，B柱缩量一倍（缩量二一），次日涨停，此后连续拉升，间或4个涨停板，一直涨到6月中旬的17.58元，涨幅高达103%。

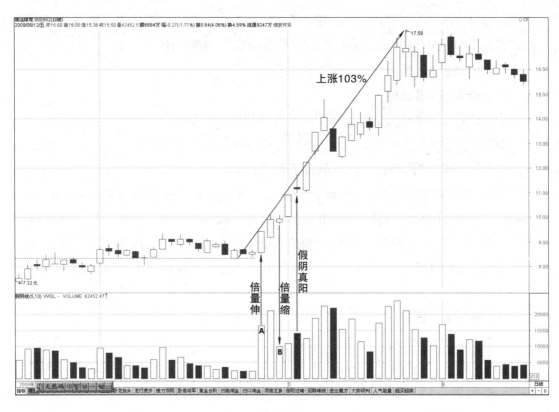

图6-3

此后又用"倍量伸缩"，上攻到7月20日的21.57元，区间涨幅达到222%。

再如我们2009年5月20日盘前预报的三峡水利（600116），是因为5月11日、12日连续两天缩量一倍，随后即连续拉升，5月20日大盘大跌，该股却逆市涨停，尾盘稍有回落，依然上涨9.44%。

如果碰到突然缩量二一或连续缩量三一的量柱，你一定要瞪大眼睛，很可能机会就在眼前。因为这是典型的"休克疗法"制造的底部，主庄坐山观火，放任自流，机会一到，他就要大幅拉升。但是要注意：有些股票不一定在缩量一倍后即连续拉升，它可能还要折腾几日，待到主庄认为可以放心拉升时，才会有较好的涨幅。

还有其他精彩的量柱组合，这就是我们说的"量群"，量群的力量是不可低估的。我们在后面的讲解中将逐步加大"量群研判"的分量，投资者也可以自己结合实际，研究总结，从中找出更多利于实战的"量群组合"。后面将要讲到的"王牌柱"，就是典型的"量群组合"。

请看图6-4"量学三日定性看盘详解"。

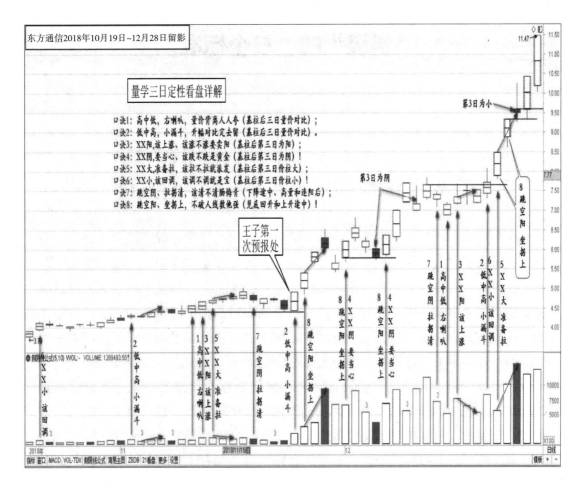

图6-4

（注：上图由量学云讲堂讲师龙头密探仲展制作）

第7章
"量级"的"三个标准"

第一节　量级的确认——找准主力的"王牌柱"

什么是"王牌"？王牌就是牌场上能压倒一切的那张好牌。以"斗地主"为例，它可以是"大王"，也可以是"小王"，还可以是"炸弹"。在"斗地主"时，你有一张"小王"不行，至少还得有一张"大王"，你就有底气了，可以纵横驰骋；如果再加一串"炸弹"，你就可以随心所欲，击垮所有的对手。当然，如果你出牌失误，王牌也就成了废牌。股市上也是如此。可惜，许多投资人手中的股票，连"小王"都没有，他怎么能不输呢？

我们这一讲的任务，就是要让大家从林林总总的量柱之中，一眼就能找到"王牌"。它可以是"小王"，即我们所说的"将军柱"；也可以是"大王"，即我们所说的"黄金柱"；还可以是"炸弹"，即我们所说的"元帅柱"。

通过前面的学习和实践，大家对于量柱的形态都有了一定的认识。但是，对于量柱的性能却把握不准。许多人有一种错误的认识，以为"量柱的高低"就能决定"量柱的性质"，这是典型的形而上学观念，必须予以克服。因为"山不在高，有仙则灵；柱不在高，含金则立"。所谓的王牌柱，不在于其"高低红绿"，而在于其能否"扭转乾坤"，在于其能否"撑起后势"。

请看图7-1莱茵生物（002166）2009年4月29日的留影。图中有8根高量柱，图中箭头所示的5根高量柱的后面都是下跌，几乎都是出货，几乎都没有撑起后面的走势，所以它们都不是王牌柱。

什么样的量柱才是王牌柱呢？这有三个基本原则：

第一原则：扭转局面，三日不破。

所谓"扭转局面"，就是能够转跌为升、转阴为阳。它一般具有"初阳胜阴"的特征，即由低量柱、倍量柱、小倍阳、小高量等量柱来担当。例如图7-1

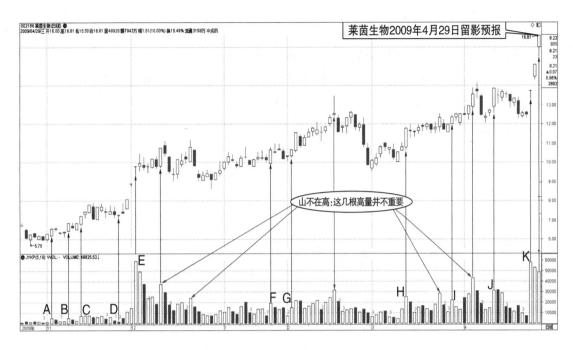

图7-1

中的A、B、C、D等柱。

　　所谓"三日不破"，特指"基柱"后三日的收盘价没有跌破"基柱实底"，就属于"三日不破"的范畴。例如图7-1中的A、B、C三柱，其后三日未破其实底，所以A、B、C三柱都符合第一原则，它们都有成为"王牌柱"的可能。"扭转局面，三日不破"是最起码的原则，说明它是有一定实力的"王牌柱"。

第二原则：量价背离，价升量缩。

　　所谓"价升量缩"，就是"量价背离"，这是由量柱和价柱相比较而存在的一种特殊的"量价关系"，即"价柱上升"，而其对应的"量柱却缩小"。相较而言，"价升量平""价柱升幅大于量柱升幅"都属于"价升量缩"的范畴。根据这个原则，凡是"某量柱"后三日的走势呈"价升量缩"态势的，就是王牌柱。请看图7-1中的A、B、C三柱，符合第二原则，所以A、B、C三柱都是王牌柱。再看图7-1中的H、I、K柱这三根高量柱，按照一般规律，高量柱后面看跌，但是因为其后连续三天都有"价升量缩的缩量柱"支撑着，这三根高量柱也就摇身一变，变成了王牌柱。

　　王牌柱也有质量上的优劣高低之分，如同"斗地主"的"小王""大王""炸弹"一样，"王牌柱"按照其质量由低到高可以逐级划分为将军柱、黄金柱和元帅柱三种。如何区分这三种"王牌柱"呢？很简单，现在教大家一个"一线判定法"，就是以"基柱实顶"画一条水平线：

凡是"基柱"后三日的收盘价平均低于"基柱实顶"的，就是将军柱；

凡是"基柱"后三日的收盘价平均高于"基柱实顶"的，就是黄金柱。

那么元帅柱怎么划分呢？请看下面的"第三原则"。

第三原则：先者优先，跳空补空。

所谓"先者优先"，特指在连续几根量柱都符合上述原则的情况下，应该以第一个合格的量柱充当王牌柱。例如图7-1中的D柱非常矮小，近乎是百日低量柱，但其后面连续四天跳空向上，在E柱形成了王牌柱，按照"先者优先"的原则，D柱先于E柱成立，王牌柱的桂冠应该给D柱。不要小看D柱矮小，因为是D柱打的基础，才有后面E柱的成功。

所谓"跳空补空"，特指在王牌柱后若出现"跳空向上"的情况时，应该以其左侧的量柱充当王牌柱。例如图7-1中的D柱，虽然它非常矮小，近乎是百日低量柱，但它后面连续四次"跳空向上"，所以应该连续四次"补空归位"，将"王牌柱"的桂冠授予D柱。

注意：凡是符合"先者优先，跳空补空"形成的王牌柱，就是元帅柱。它一般比较隐蔽，往往躲在其他量柱的左侧如D柱，但其功能和功用却非常强大。初学者务必分清王牌柱中的将军柱、黄金柱、元帅柱三个级别。

从实践看来，符合上述三个原则的，多数是低量柱、倍量柱，少数是高量柱，其他量柱只是在特定量柱的配合下才有可能充当王牌柱。图7-1中的A、B、C、F、G、H、I、J这8根量柱是什么柱？都是"倍量柱"，且其后三天的走势基本上都是向上的，即使有一两天的回落，也没有跌破其"倍量柱"的实底。这是确认"量级"的"首选量柱"，而"高量柱"只是"次选量柱"，它必须由缩量柱配合。

请看图7-2莱茵生物（002166）2011年7月31日留影：

找到了"王牌"，就找到了主力的"底牌"。主力的实力和意图，都刻在这些"底牌"上面，这是掩盖不了的，也是偷换不了的。因为这样的"底牌"，都是白花花的银子堆砌起来的，也是血淋淋的拼杀累积起来的，更是机灵灵的智慧凝结而成的。

怎样才能看出这些智慧与金钱的搏杀呢？关键的一招在下面。

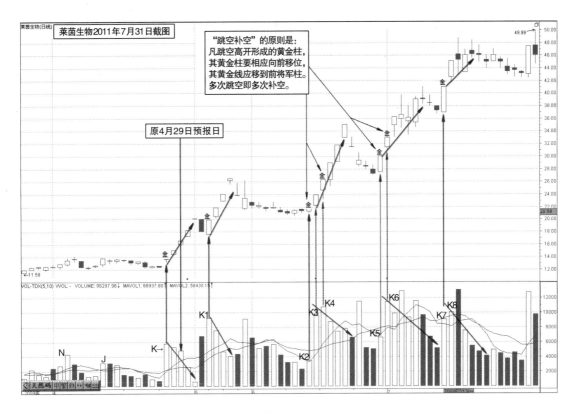

图7-2

第二节 量级的划分——量化主力的"攻防线"

量级的划分相当重要。毛泽东曾经说过：透过现象看到本质，才是唯物主义的观念。股市是现象与本质混杂的市场，是假象与真相混合的市场，有经验的庄家和主力之所以敢于在众目睽睽之下玩弄对手，靠的就是"偷梁换柱"的把戏。要想看穿他们的把戏，必须从"此量柱"与"彼量柱"的关系中，从量价变化的过程中，看出"量柱的性质"，从而把握庄家和主力的意图（注意：这里强调的"对手"不仅仅是"散户"，看完本讲，自然分晓）。

无论"偷梁换柱"的把戏多么复杂，最本质的一点是"量价关系"，只要从"量价关系"入手，我们就能排除那些"无关紧要的量柱"，抓住那些"至关重要的量柱"，我们就能从真假难辨的量柱中看到庄家或主力的蛛丝马迹。这就是我们讲的"量级的确认和划分"。

量级的划分，就是在盘面上找到主力的"攻防线"。其方法是：首先要找到关键量柱，如"真假高大王倍峰"这七个主力的"关键柱"；然后，根据主力在这七个"关键柱"右侧留下的足迹，研判主力行动的意图和方向。这就好比是警察破案，根据作案者留下的痕迹，研判其作案的目的和动向，从而发现这是小案还是中案，是大案还是要案。

下面以王牌柱为例，讲讲"攻防线"的设置方法（大家可以以此为参考，设置其他相关"关键柱"的"攻防线"）。

第一，以王牌柱为基柱。当我们确认了王牌柱之后，务必以十字线（每个看盘软件都有的，双击鼠标即可呈现出来）对准该柱，看看其量价关系是否符合"量级的确认"标准，若是，可以在王牌柱上方或下方标出箭头（熟悉之后可不必标出箭头），以便下一步的分析工作。

第二，以收盘价为参照。这里的"收盘价"特指王牌柱后三日的收盘均价，若王牌柱后三日的收盘均价在王牌柱的实顶上方，则以王牌柱的实顶画一条水平线，见图7-3莱茵生物（002166）的"攻防线"（这里借用图7-1的走势图来画攻防线，以便大家理解）

如图7-3中D柱、E柱、K柱的实顶线，此线为黄金实顶线；若其后三天的收

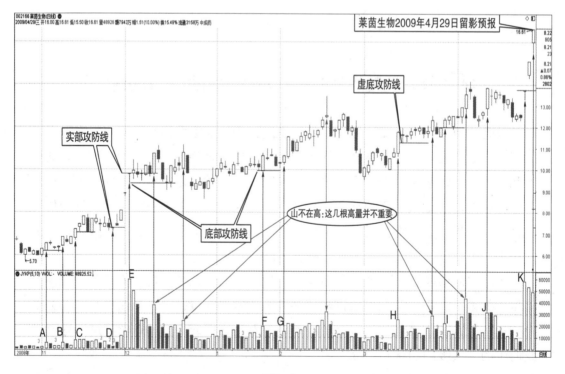

图7-3

盘均价在王牌柱实顶下方，且不破王牌柱实底，则以该王牌柱实底画一条水平线，如图7-3中A、E、F、I柱的画线，此线为黄金实底线；在黄金实顶线和黄金实底线之间，还可以用王牌柱后三日那个最低的实底画水平线，如图7-3中C、H柱右侧的线段，这就是自然黄金线。量学画线有个绝活，就是"先找实、后找虚，微调抓战机"，因此，黄金线有时可取虚底线。我们可以根据黄金线在黄金柱上所处的位置，预判其后走势。黄金线处于黄金柱实体上部三分之一位，为强势回调位（如C柱的黄金线），后市将向上；黄金线处于黄金柱实体二分之一位，为自然平衡位（如H柱黄金线），后市将横盘寻找方向。

第三，以回踩点为基准。为什么要以回踩点为基准？因为，任何一个"回踩点"都是主力"做"出来的。他们为什么要踩这里而不踩那里？因为这里暗藏着主力的操盘计划。很多时候，当我们沿着主力的足迹画出线条，你会大吃一惊：哇！原来主力的算盘打在这里！

例如，王牌柱中最特殊的是元帅柱，它是跳空高开形成的，根据"跳空补空"的原则，就要以跳空王牌柱下方的"回踩点"画水平线。见图7-4海螺水泥（600585）2009年4月29日留影。图中都是以"元帅柱"为基柱的画线。画线的

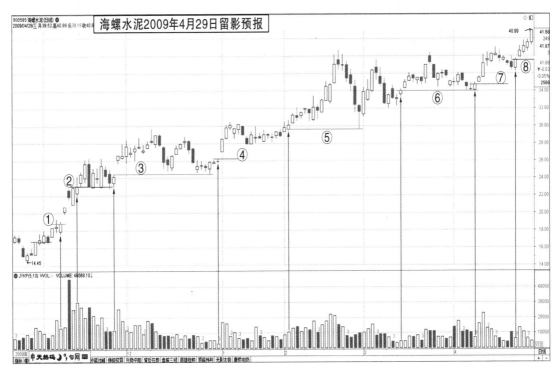

图7-4

方法是，先取顶，后取底，顺着走势找足迹。例如，图7-4中第①、第⑥、第⑦、第⑧条水平线，都是以元帅柱的实顶画线；而第③号线，是以元帅柱的虚顶画线，因为其右侧最低点刚好打到元帅柱的虚顶线上；第⑤号线，是以元帅柱的实底画线，因为其右侧最低点刚好打到元帅柱的实底线上。所有的攻防线，都要求顺其自然，都要以庄家留下的足迹为准，庄家的足迹踩到哪里，我们的量线就画到哪里，切记不可主观随意而画。

只要我们的"攻防线"画好了，就会看到一级一级的阶梯、一级一级的搏杀。阶梯的疏密，间隔的幅度，就像温度计一样量出了主力的实力和意图，量出了主力的智慧和性格，甚至可以看到几个主力的力搏和智斗。

第三节　量级的预测——找准主力的"目标位"

过去人们常说庄家（主力）整散户，其实，这是对庄家的误解。真正的拼搏，是新庄与老庄之间、主庄与副庄之间、个庄与群庄之间、富庄与穷庄之间、强庄与弱庄之间、明庄与暗庄之间、巧庄与笨庄之间……的拼搏，散户只是跟错了庄，站错了队，被庄家误伤。君不见，那些血本无归的庄家，就是在这一级一级的搏杀中丢胳膊断腿的吗？

如果我们能掌握股市的温度计，你就可能避免上当受骗，你就可能跟上"主庄"。从现在起，本书将创造一个新名词"主庄"，即"主导股票走势的庄家"，它们是拼搏中的"赢家"，也叫"赢庄"，他们是股市中的英雄豪杰。但是，他们也可能比曾经的"输家""输庄"败得更惨，因为他们随时随地将遇到后来居上的"强者"，真可谓"江山代有才人出，各领风骚三两月"，真正的"赢庄"是少数，就像赢钱的散户一样少。

请看图7-4。我们选择元帅柱画线之后，看到了明显的8级台阶。"主庄"的个性是强悍加理智，例如：

第①级连续两个向上跳空，迅速脱离成本区；

第②级依托元帅柱实顶强力洗盘，清洗跟风浮筹；

第③级再次向上跳空，接着碎阳慢升，突然强力洗盘。

第①级的第二个跳空柱值得深思，看起来是根"巨阴柱"，其实质是跳空高开低走的"巨阳柱"，量学称之为"假阴真阳"。

股票市场上有一个不争的事实：没有人卖，肯定也没有人买，你想买也买不到。谁有这么大的量放出来？谁有这么大的肚子吃下去？肯定是老庄在卖，新庄在买。这么大的量全吃下去了，它不拉升怎么办？我想，老庄第二天不悔青了肠子第三天也得悔青了心肝！所以才有了第③级台阶的两波争夺战！

如何研判主力的"目标位"呢？不同的量柱结构有不同的预测方法，我们将在本书中逐一介绍。这里先给大家介绍一种最简单直观的预测方法，即"巨量假阴预测法"。图7-4中的第①级台阶上有一个"巨量假阴"，那么，只要其后走势没有跌穿这个"巨量假阴"（注意：某个关键柱破跌穿，这个关键柱就牺牲了），就可用这个假阴的实底价22元×2=44元，就是它的目标价；若它是"跳空向上"的假阴，就可以"跳空补空"，以它左侧的"缺口实顶"乘以2。第一目标位达到后，就可以以其走势中的第二个关键量柱再来预测。其方法比较复杂，我们将放到具体的量柱建构中去讲解（图7-4的右上角最高价是40.99元，距目标价还差3元，当天是价升量缩，三天前的黄金柱成立，所以我们才敢于预报它必将再创新高）。

图7-4第③级台阶的争夺之后，第④级台阶一开战就是跳空高开高走，潇潇洒洒的来了三天价升量缩，黄金柱！稍作回探即一路高歌猛进！在第⑤级台阶上作了三波打压。请看这三波的幅度，一波比一波窄，到第⑥级，精准回踩左侧元帅柱实顶后，进入第⑦级，稍作回踩后打出第八个元帅，高歌猛进，展开主升，而这时的量柱，越来越矮小，说明主庄控盘越来越稳健。最后三天价升量缩，典型的黄金柱，来日必然大涨！我们于4月29日把这个案例公布到"股海明灯论坛www.178448.com"供大家验证，并同时请大家验证莱茵生物，这是胆大者可以提前介入的股票。

海螺水泥是"元帅柱"+"黄金柱"=涨停在望！

莱茵生物是"低量柱"+"三连帅"=必有大涨！

【2009年7月30日验证】莱茵生物预报日（4月29日）最低价是15.50元，其后连拉4波共计17个涨停板，至7月30日最高价达到49.99元。

【2009年8月4日验证】海螺水泥预报日（4月29日）收盘价是40.88元，这里已接近巨阴实底预测价，此后精准回踩4月29日虚底即拉升，至8月4日达到53.13元。

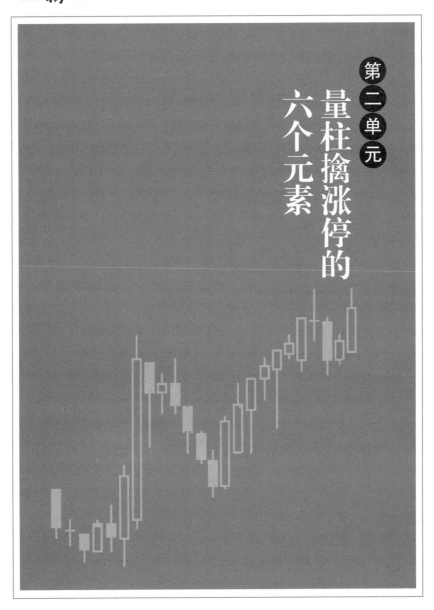

第二单元

量柱擒涨停的
六个元素

第8章

高量柱：欲望与走向的温度计

第一节　高量柱的基本常识

一、高量柱的基本定义

某一阶段最高的量柱称为高量柱。按照"看量形"的法则，这个"某一阶段"，可以是三、五、八天，也可以是十天、半月，更可以是百日高量（即按100个交易日来看）。也就是说，距今最近的、阶段最高的那根量柱（不分阴阳），就是高量柱。请看图8-1江淮汽车（600418）2009年4月17日留影。

图8-1中用黑色箭头标注的A、B、C、D、E、F、G这7根量柱均是高量柱，

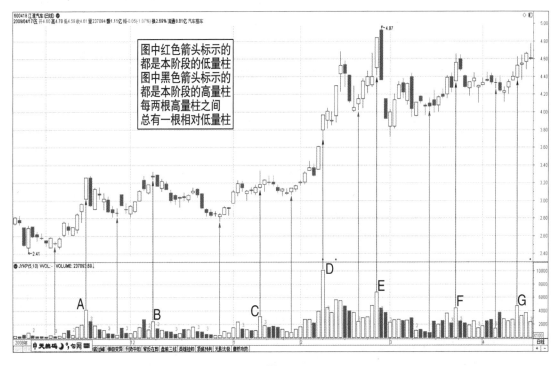

图8-1

其中，B柱、C柱相对于其他高量柱要低很多，但它们是当前这个阶段的最高量柱，所以是这个阶段的高量柱；D柱是当前的百日最高量柱，称为百日高量柱。

【注：关于"某一阶段"的量学标准。每两根相邻的高量柱之间，一定有一根低量柱（用灰色箭头标注），每两根相邻的低量柱之间，就是一个波段，即量学讲的"一个阶段"。】

高量柱必须是某一阶段的最高量柱，它可以是但不一定是全局的最高量柱。例如图8-1中的A、B、C、E、F、G均是高量柱，不是全局的高量柱，只有D柱才是全局的高量柱。

二、高量柱的市场原理

1. 根据"卖在买先，卖买平衡律"，高量柱一定是有人大量卖出，同时又有人大量买入造成的，它一定是大资金强主力的杰作。因为一般散户或大户根本无法在一个交易日里调动如此大量的资金和股票，只有手握巨额资金或持有大量股票的主力，才有如此大刀阔斧的大手笔。这里卖买平衡，达成交易，产生了高量。由此可见，高量柱是有人大量卖出的标志！

2. 根据"价在量先，价量平衡律"，高量柱的形成，一方面是有人对当时的价位产生了欲望，愿意卖出；另一方面是有人对当时的价格产生了欲望，愿意买进。只有卖买双方的欲望达到了双向平衡的高峰，才能产生高量柱。可见买卖双方都是大块头，在价格认同、交投活跃的情况下，调动市场人气，把市场情绪推向高潮，从而产生了高量。可见高量柱是多空对决的结果！

3. 根据"庄在散先，庄家导向律"，高量柱的形成，一定是主力的某种欲望和预谋得到了市场的共鸣和响应，吸引了多路资金参与或跟风，才能产生高量柱。在高量柱形成的当天，一般很难分清谁是主力，因为，聪明的主力往往把自己的真实欲望隐藏在幕后，而把假象示于人前，因此，高量柱也就有了真假难辨的特色。当你认为它要涨的时候，它却跌；当你认为它要跌的时候，它却涨。因此，高量柱是所有量柱中最难看准主力、最难找到规律的一种量柱。

三、高量柱的独特个性

1. 卖买鼎盛的特性。高量柱是股价明显异动的产物，一定是大资金的杰作，也是牛股主升或龙头主升战法的市场基础。从这种意义上讲，它是主力重大战略意图无法掩饰的表现！

2. 多空对决的特性。高量柱是多路资金积极参与，也是多空双方、"庄庄"搏杀（主庄和副庄、新庄和老庄、明庄和暗庄）最惨烈、最壮观的地方，所以高量柱具备多空对决的特性。

3. 胜负难定的特性。因为高量柱是多路资金对决，在它形成的当天很难研判谁胜谁负，其后常态示跌，变态示涨，所以必须按照量柱三日定性原则，在确认赢家之后帮赢家。

第二节　高量柱的涨跌规律

正因为高量柱形成的当日很难预判谁胜谁负，所以其未来走势相当迷人：因为高量柱就是某一阶段最高的那根量柱，既是成交火热之柱，又是多空对决之柱，所以它是最容易让人发现、最容易让人激动、又最容易让人上当的量柱。

在多如牛毛的股市书刊中，对于高量柱的认识和判断，往往存在着截然相反且针锋相对的两种观点：一种观点认为，高量柱是介入的典型标志；另一种观点认为，高量柱是退却的典型标志。我们认为，这两种观点都是错误的，而且是典型的形而上学观点。为什么？请看图8-2，它是2009年2月10日我们在网上挂出让

图8-2

投资者验证的中银绒业（000982）两个月后（4月7日）的截图：

此前我们在网站上挂出该股的截图让大家验证，图中有A～H八根量柱，它们都是某一阶段的最高量柱。

如果按照"高量介入"的观点来做这只股票，凡是在A点、B点、D点、E点介入者，肯定被套；

如果按照"高量撤退"的观点来做这只股票，凡是在C点、F点、G点、H点退却者，肯定踏空。

如果按照这两种观点来做完这只股票的全部高量柱（即8个高量柱都做），也是胜败各半，输赢持平。

由此可见，单纯的"高量介入"和"高量撤退"的做法都是错误的。那么，我们应该如何对待高量柱呢？其实非常简单，根据大数据统计，高量柱后70%是下跌的，这是常态；但是，其下跌之后反身向上，一旦突破高量柱的实顶线，70%是上涨的，就是变态。显然，高量柱常态示跌，变态示涨，只要抓住了变态的"不跌反涨"或"跌后返涨"这两个规律，就抓住了高量柱的命门。

例如，图8-2这八根高量柱的未来走向，我们认为有四种操盘方法：

第一种，以A柱为代表的"巨量出货"的"发烧柱"，应该避之；

第二种，以C柱为代表的"无量涨停"的"启动柱"，应该擒之；

第三种，以F柱为代表的"价涨量缩"的"王牌柱"，应该揖之；

第四种，突破A柱实顶线以D柱为代表的"跌后返涨"的"战略柱"，应该跟之。

正确的预判方法是：

第一，预判"发烧柱"。请看图8-2中的A柱，它是连续两根超级倍量柱递增的高量柱；再看图中的D柱，也是连续两根超级倍量柱递增的高量柱，这样的高量柱，把卖买双方的欲望推向了"极高潮"，狂热掩护出货是庄家惯用的招术，我们务必避之。一般情况下，可以用人体的正常体温37度来预判发烧柱，即四倍以上的高量柱应该警惕。

第二，预判"启动柱"。请看图8-2中的C柱，它是连续两根温和梯量柱递增的高量柱；再看图中的F柱，也是连续两根温和梯量柱递增的高量柱，这样的高量柱，"温和"里藏着"狂热"，藏着"不动声色"，也藏着"遮掩搪塞"，特别是其第二天的走势价升量缩，这就暗示着拉升。根据"卖在买先"的规律，价升了，量却减了，肯定是价位不能勾起"卖出的欲望"，你想买？只有一条路，抬高其价格才能制造"卖出的欲望"。

第三，预判"王牌柱"。请看图8-2中的F柱，这个王牌柱就是多空对决中多方获胜的高量柱，其主要特征是"该跌不跌，缩量上涨"。具体情况详见本书的有关讲解。

第四，预判"战略柱"。请看图8-2中的D柱，是"百日高量柱"，高量柱后示跌，D柱后面确实下跌了，但是它在左峰附近D1处企稳，可以视为"过峰保顶"行为，此后逐步向上，突破D柱之后再次"过峰保顶"，此时的底部E1比左侧底部D1要高，暗示将继续上行。E2第二次突破D峰之后，站稳，可以确认D柱为"战略柱"，那么E2之后任意一处都是"战略机会"。"战略柱"最好是"百日高量柱"，简称"百高"，也可以是"年高"。根据实际情况确定。

根据"高量柱的涨跌规律"，北大量学特训班和量学云讲堂的同学们编制了如下"高量攻防口诀"：

遇到高量别紧张，顶底二一设攻防；

涨势回踩看二一，跌破再攻过顶上！

高量柱后常态跌，不跌反涨短线强；

如果下跌缩倍量，便是好股要收藏！

假阴真阳常遇到，该跌不跌是个宝；

画好顶线等突破，过顶买入登康桥！

第三节　我们需要什么样的高量柱

因为高量柱后的走势比较复杂，我们所需要的高量柱也就相应复杂点。除了前面讲到的四种高量柱以外，我们从操作的角度，将其分为短线、中线、长线这三个方面来分析。

从短线来看，我们需要的高量柱，并不一定要求它是"巨量"，也不一定要求它是"天量"，只要相比是某一阶段的最高量柱，符合"该跌不跌"标准的，就是我们需要的高量柱，而有些"巨量柱""天量柱"，短线来看却是非常次要的、不值一文的量柱，如图8-2中的A、B、D柱。

但从中长线角度看，图8-2中的A、B、D柱却有其特殊价值，若后市的股价一旦突破其实顶线，就是中长线操盘的机会。所以，量学对高量柱的评价分为短线、中线、长线三个方面。

一、短线需要的高量柱，必须同时兼备以下三个条件

从短线的角度来看，我们需要的"高量柱"，就是"该跌不跌、反而上涨"的高量柱。

第一，它必须是某一阶段的局部的"最高量柱"，见图8-2中的C柱，它只是所在阶段的局部最高量柱，甚至是很不起眼的量柱；

第二，它可以是但不一定是全局的"最高量柱"，见图8-2中的F柱，它只是E～H段的相对最高量柱，也不是全局的最高量柱，正是从这种意义上讲，全局最高的那根"高量柱"很有可能就是弱不禁风的"高粱柱"；

第三，它后面的量柱最好逐步走低，但其对应的价柱却是逐步走高，形成价涨量缩的建构，见图8-2中的C柱和F柱，都是如此。

用这三个标准来衡量的话，图8-2中只有C、F、G三根高量柱可以称为短线合格的高量柱，其他都不是短线需要的高量柱。

适合短线操作的"高量柱"，往往是一种非常隐蔽的量柱（如图中C柱），在以后的分析中将会碰到许多这样的案例。图8-2中的C、F、G这三根量柱都有一个共同特征：即高量柱后面的三根量柱在逐步缩小，而高量柱后面的三根价柱却逐步升高，形成"价升量缩"的量价背离建构。如果我们沿着价柱的上升画一条线，再沿着量柱的下降画一条线，二者就是一个"向右的喇叭口"。

对于这样的"价升量缩"的高量柱，我们称之为"王牌高量柱"或"黄金高量柱"，大家可以随意找来一批股票看看，凡是具有黄金柱特征的高量柱后面，一定会走得令人欢欣鼓舞，而没有黄金柱特征的高量柱后面，一定会走得令人垂头丧气。请看"www.178448.com股海明灯网站"上盘前预报的如下股票：

2009年1月7日预报的凌云股份（600480），从4.54元起步，到4月10日涨到了11.35元；

2009年1月7日预报的同达创业（600647），从7.85元起步，到4月2日涨到了13.13元；

2009年1月14日预报的中兵光电（600435），从9.65元起步，到4月7日涨到了22.90元。

从短线操作学的角度看，王牌高量柱是值得重点分析的，投资者可以随意找些股票，按照上面的分析方法，练习并找出王牌高量柱。

2009年4月10日，我们请大家验证一下图8-2中的H柱，三到五天内必有中到大阳。为什么？请看这根H柱，在盘面上它是排名第5的高量柱，没有它前面的F柱高，但是它的后面有戏。因为它的次日是一根缩量一倍以上的缩量柱，并且其

对应的价柱未破H柱的二一位。根据"卖在买先"的规律，显然目前的价位没有造就"卖出的欲望"，所以其后市看涨。

【验证】第二天，是一根上影线很长的阴十字星，量学称之为侦察兵，凡侦察兵到过的地方，就是主力将要攻击的地方，所以其股价看涨。第三天，果然价位大幅拉升，涨停回落，收了一根高达9个点的大阳。其后该股步步走高，至4月15日，该股从预报日的8.17元涨到9.68元，一周内涨幅接近20%。

二、中长线需要的高量柱只有一个条件：即跌后返涨突破高量实顶线

中长线操盘需要中长线规划，其实是战略性规划，大家知道，高量柱是多空双方交易火热的标志柱，所以，它往往可作为我们战略布局的标志柱，因为一旦高量柱后面的价柱不再跌破高量柱的实底线，继而突破高量柱的实顶线，那会是什么走势呢？答案是"高量不破，后市必火"。

请看图8-2中，A、C、D三根高量柱的实顶线，股价一旦突破这三条实顶线，短线看似无用的高量柱，至此摇身一变，成为中长线操盘的香饽饽。这就是量学的高量柱"异动辩证原理"。按照正常规律，高量柱后应该下跌；但高量柱后该跌不跌反而上涨时，我们就要按反常规律来操作。

请看图8-3中潜股份（300526）2019年8月20日留影。

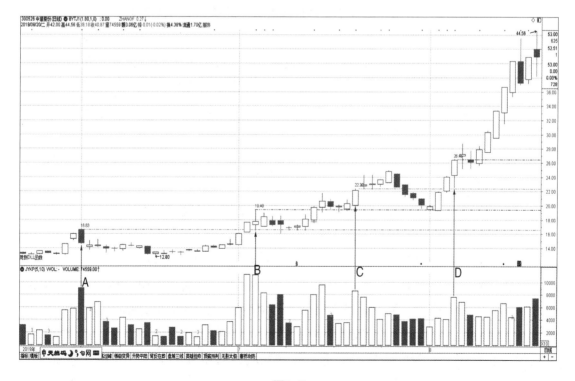

图8-3

先看A柱：A柱是高量柱，其后B柱的前一天突破A柱高量实顶线，这是"跌后返涨"介入点；B柱后面所有的下跌都未跌破A柱实顶线，就是"高量不破，后市必火"。

再看B柱：B柱也是高量柱，其后C柱前面第五日突破B柱高量对应股价实顶线，这是"跌后返涨"介入点；C柱后面所有的下跌也没有跌破B柱虚顶线，也是"高量不破，后市必火"。【注：B柱的实体太小，所以用虚体画线。】

根据高量柱后"不跌返涨"的规律，高量柱可以演变出丰富多彩的高量柱战法，如北大量学特训班传授的康桥战法、间谍战法、次权三通战法、凹底高量战法，等等，都是高量战法的延伸。如板后假阴真阳（示弱隐强）、板后高量单枪、涨停封板高量、凹底高量吸筹（这里假阳真阴先当阳看），等等。

三、介于短中长线之间，有一种特殊的高量柱战法

介于短中长线之间的这种特殊的高量柱战法，就是"康桥战法"，康桥就是由健康的高量柱构建的健康之桥。所谓健康的高量柱，是指距今最近的、量柱在四倍以下的高量柱。

请看图8-4览海投资（600896）2019年9月17日留影。

假如我们从图中的B柱向左看，A柱就是B柱的康桥，B柱突破康桥实顶就是介入时机；

假如我们从图中的D柱向左看，C柱就是D柱的康桥，D柱突破C柱实顶就是介入时机；

以此类推，从图中F柱向左看，E柱就是F柱的康桥，F柱之后凡是过E柱实顶线的地方，都是介入时机。

其中，F柱后第二天的大阴双向胜阳，理应出逃，但是，这个大阴实底没有跌破E柱实底，初现"该跌不跌"之象，其次日缩量二一平E柱实顶线，确认此处"该跌不跌"了，此后应该"止跌向上"；果然，其次日G柱踩着E柱实顶线开盘，收于E柱实顶线上方，这里集成了"该跌不跌、反身向上"的强势上攻信号，量学云讲堂基训班的同学果断介入，次日H柱果然跳空涨停。

这样的精彩案例太多了。事实说明，"量学康桥战法"运用了高量柱后"该跌不跌"的反常规律，可以短线突击，也可中线伏击，还可长线出击。

更妙的是，它可以在底部的任何一个大中小型高量柱上使用，量学的"次权三通战法"（次新股、除权股、重组股三种股票通用战法），就是将"康桥战

法"移植到次新股的伏击中，在2019年7月伏击科创板时大显身手，北大量学特训班的同学们称之为"万能战法"。

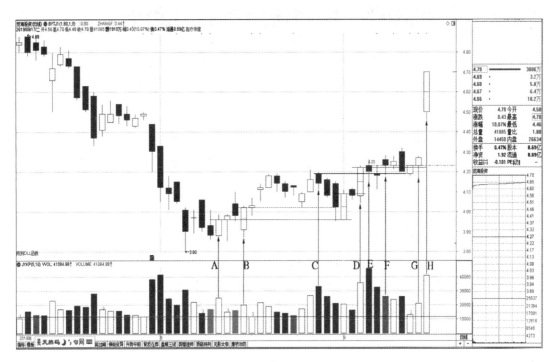

图8-4

第9章
低量柱：底线与底气的温度计

第一节　低量柱的特殊功能

低量柱是很容易被忽视的一种量柱，但是其预测价值往往令所有的量柱望尘莫及。只要我们打开任何一只股票的走势图看看，你就会发现一个"普遍规律"：在任何一个阶段，只要形成了低量柱，其后面的走势一定是上升的，甚至你可以不看价柱图，只看低量柱就能发现"起死回生的转折点"。

请看图9-1上证指数（000001）2009年7月31日留影。

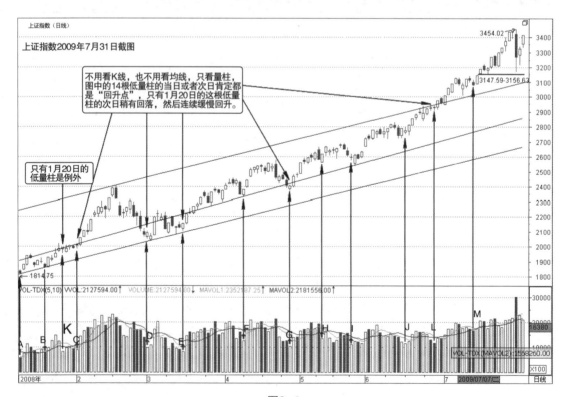

图9-1

请看这幅走势图，可以不看股票名称，不看价柱走势，不看均线趋势，只看量柱高低，凡是低量柱的位置，肯定是"回升"的始点，也就是说，低量柱一般处于"拐头向上的前夜"。

图9-1是沪市2009年7月31日的截图。图中有A～M共13个低点，分别代表13根低量柱，请打开你的看盘软件，调出"十字线"，对准这13根低量柱看看，你会突然发现，凡是低量柱对应的地方，都是"回升的前夜"，用行话来说，这里都是由跌转升的"临界点"。

注意：图中用黑色K标记的柱，是2009年1月20日的低量柱（见图中左侧方框的注释）。全盘共有13根低量柱，12根低量柱的次日回升，只有K柱（即1月20日）处于回升"临界点"的前3天。即使按照13∶1的比例计算，其预测底部的效果也是惊人的准确。我们为什么敢于在2008年12月31日大胆预测2009年将有开门红？我们多年来的盘前预报为什么那么精准，一半的功劳应归于低量柱。

从上面的分析可以看到，"低量柱"的特殊功能有三点：

第一，测试阶段性的底部。任何股票的涨幅不可能一飞冲天，在其拉升和打压的过程中，必然有一个被市场所能接受的最低点，必然有一个买卖双方拼搏后的平衡点，而这个最低点和平衡点的重要标志就是"低量柱"。由此可见，"低量柱"具有"停战柱"的意义。

第二，测试攻防线的撑力。任何主力都期望自己的王牌柱具有强大的撑力，但是由于市场的复杂性和人气的浮动性，攻防线的撑力不可能一成不变，为了检测这个撑力的有效性，必须经过反复确认，确认的最佳方式就是用"休克疗法"测试其攻防线的撑力，可见"低量柱"又具有"支撑柱"的意义。

第三，测试临界点的时空。反攻时机的确认是主力最头痛的一个课题，反攻早了不行，反攻晚了也不行，为了测试这个时点，许多主力费尽了心思，但是通过多种试验，最好的方式就是用"休克疗法"放任自流，以阶段性"低量柱"的出现为最佳时点。可见"低量柱"又具有"反攻柱"的市场意义。

关于低量柱的预测效果，请看我们的具体数据：

A点的预测，比MACD的金叉提前了7天！比KDJ的金叉提前了2天！

D点的预测，比MACD的金叉提前了9天！比KDJ的金叉提前了2天！

G点的预测，比MACD的金叉提前了5天！比KDJ的金叉提前了2天！

再看图9-2上证指数2009年7月31日预报提示图。

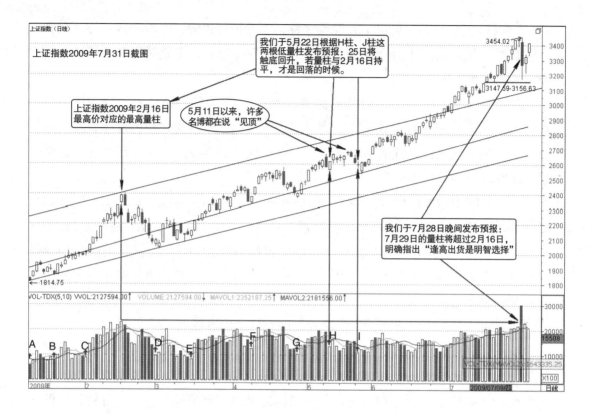

图9-2

2009年5月11日以来，许多名博都在说"见顶"，可是从图9-2中的低量柱来看，5月12日的H柱大幅缩量接近三分之一，5月22日的I柱再度缩量，可见这里是阶段性触底信号。2009年5月22日我在"www.178448.com股海明灯论坛"发布预报指出，估计下周一即2009年5月25日大盘不会见顶回落，反而会触底抬升。只要"单日量柱"不再低于I柱即不会回落，同样，单日量柱不高于2月16日的高量柱（见图中左方框注释），"量柱群"不高于图中C～D柱之间的量柱群，大盘将不会回落。

预报发布两个月后，2009年7月31日验证：大盘于5月23日下探到我们的"四九通道的人线"即迅速回升（关于"四九通道"详见第三单元），当日即超过I柱，然后缓步攀升直到7月23日。这两个月的走势步步高升，大盘从当时的2538点上升到7月29日的3454点，缓步上涨了916点，其上升趋势依然未变。

我们于7月28日晚间发布预报：7月29日的量柱将超过2月16日的量柱，并明确指出："逢高出货是明智的选择。"果然，7月29日大跌。

事实证明，I柱的预测比KDJ金叉提前了4天，比MACD提前了5天。

我们的预测原理依然是：只要"单日量柱"不再低于I柱即不会回落，同样，单日量柱不高于2月16日的量柱，"量柱群"不高于图中C～D柱之间的量柱群，大盘将不会回落，否则将会出现大跌。若大盘某日量柱高于2月16日的量柱，那么有可能这个下跌周期也在12天左右，因为2月16日的调整用了12天，超过此量柱后的调整应该同样是12天。

这就是用"前量柱的刻度"来预测"后量柱的趋势"，并再次得到市场的验证。

第二节　低量柱的市场机制

聪明的主力一定是"水性杨花"的高手。他们从来都是"像流水一样"逢低流窜，"像杨花一样"随风飘荡，目的是寻找阻力最小的方向，寻找借力最大的去向，无论是选择价位或是选择时段，他们都有借力打力、借机行事的独门绝技。可能股民都有这样的体会：一只股票的价格高得不能再高时，谁都不敢跟进时，股价却突然飙升了；一只股票的价格低得不能再低了，谁也不敢买入时，股价却突然拉升了。就是这个原因。

现代医学上有一种"休克疗法"，就是让病人承受极限考验，使病情自然回稳；现代股市上也有一种"休克疗法"，就是让股票自然回落，当它回落到一定的极限时，它也能形成自然回升的态势。

"低量柱"的形成，就是主庄借力打力的方式之一，他们在这个阶段基本上不动手，或只用很少筹码，任其市场自然发展，一方面可以探测这只股票的阶段性底部，另一方面可以测试这只股票的固定性人气，第三方面可以检验自己持仓价位的市场性活力。一旦在主庄感受到股票跌无可跌时，也就是"休克疗法"使用到位时，新的一轮拉升就会自然形成。这时的主庄就会借市场的力量和人气，以最低的成本换取最大的效益。

请看图9-3国阳新能（600348）2009年7月23日的截图。

笔者2009年6月24日周三曾作盘前预报，如图9-3所示，该股从当时的25.30元涨到7月23日的47.66元，时间刚好一个月，涨幅达到88.37%。

它为什么能有如此惊人的涨幅呢？

很简单，主力在其前面的拉升过程中，多次使用了"休克疗法"，把市场上的不坚定筹码清洗得非常彻底。

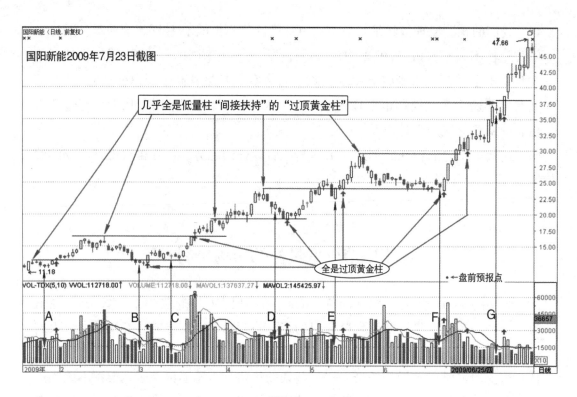

图9-3

请看图9-3中的A～G这7个标识，每个标识对应着它下方的"低量柱"。而每个低量柱后一般1至3天、最多5天内就是"王牌柱"。请看：

A柱：低量柱，此后梯量上升，第三日为王牌柱。

B柱：低量柱，此后梯量上升，第二日为王牌柱。值得注意的是，B柱的价位与A柱持平，其量柱却低于A柱，可见主力不甘心有人持股成本低于自家，采取"休克疗法"挤出了AB柱之间的大量筹码。值得注意的是：AB柱之后的两根王牌柱共同抬着一条攻防线，是典型的"双重王牌柱"。

C柱：低量柱，此后梯量上升，第五日为王牌柱。这根王牌柱一举冲过AB之间的峰顶，上了一个台阶，此后再也没有回到这里来。

D柱：低量柱，此后第三日为王牌柱。这个王牌柱形成了第三台阶的铁底，位置刚好与其左峰持平，是标准的过顶王牌柱。

E柱：低量柱，此后第二日为王牌柱。这是非常重要的一个王牌柱，刚好与其左峰持平，又与右底持平，一线撑起了"三个拐点"。E柱左侧的所有王牌柱都支撑了两个拐点，而E柱却独立支撑了三个拐点。第三个拐点肯定是非常重要的起点。

F柱：低量柱，此后第一日即为"倍量王牌柱"。这里刚好是重要的起点，我们就是以这个倍量柱为契机，于6月24日周三发布盘前预报的。当日擒获一个涨停板！此后该股一路上扬。仅一个月涨幅高达88.37%。

纵观该股的走势可以发现，低量柱有如下几点重要机制：

第一是"休克机制"。低量柱的出现，肯定是庄家的"休克行为"，目的在于测试市场现有抛压到底有多大，为下一步行为做好准备。

第二是"收集机制"。低量柱的出现，肯定不远处有王牌柱出现，这就是说，低量柱是培育王牌柱的土壤，其实是主力趁机收集了足够的筹码，才敢于用这些筹码筑起王牌柱，因而低量柱的"收集"带有"偷偷吸筹性质"。

第三是"测幅机制"。低量柱的出现，暗示着庄家成本区的底线，只要市场抛压不打破这个底线，庄家会放任自流，一旦要打破，庄家就会全力自救，因而它往往与王牌柱遥相呼应，形成有效的"测幅底线"。

再请看图9-3国阳新能的"双重王牌柱"图示：

B柱后面的王牌柱可以看作是对A柱后面王牌柱的自救；

D柱后面的王牌柱可以看作是对C柱后面王牌柱的自救；

F柱后面的王牌柱可以看作是对E柱后面王牌柱的自救。

正因为如此，这些两两相对的王牌柱所形成的攻防线，就是该股温度计上的刻度，我们对股价升幅的预测，完全可以按照攻防线的刻度来进行。

一般的预测方法是按照"台阶底线的双倍"来预测"台阶顶部"，即二测四、三测六、四测八……

再请看国阳新能的股价测幅演示：

第三级台阶的底线价是19.31元，那么其对应的第六级台阶应为38.62元，事实上，目前第六级台阶的底线价是37.99元，误差仅0.016%，可谓精确。

第四级台阶的底线价是24.02元，那么其对应的第八级台阶应为48.04元，事实上，本讲截稿日（7月22日）已到47.66元，相差仅0.38元，误差为0.007%，可谓精准。

这样的"双级测幅"是我们的独创，既可以避免盲目性，又可以提高主动性。但一定要注意："低量柱支撑的双重王牌柱"才能使用"双级测幅"。其余测幅方法详见其他章节。

第三节　低量柱的涨停预测

低量柱的涨停预测是一件非常值得研究的事。只要按照量学的标准来预测，即使不涨停，也有中到大阳出现。请看图9-4莱茵生物（002166）2009年7月2日午盘留影。

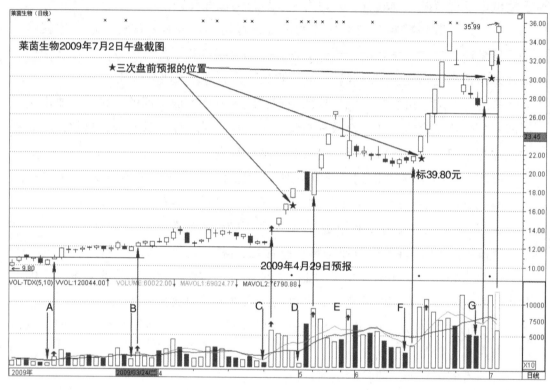

图9-4

这是我们2009年4月29日在"www.178448.com股海明灯网站"盘前预报的莱茵生物，图中有A～G七个低量柱。从图中可以看出，这个主力特别善于使用"低量柱"，而且使用得非常灵活、非常洒脱、非常机警、非常轻松。

先看A柱：这是低量柱，次日是倍量柱，此后三日构成王牌柱。

再看B柱：也是低量柱，次日又是倍量柱，此后三日逐实成为王牌柱。

A、B两个"低量柱+倍量柱"筑就两级坚实的台阶，但走势不温不火，不冷不热，给人以有气无力的表象，而骨子里却在悄悄地吸筹建仓。

再看C柱：这是一个精彩绝伦的低量柱。这是在长达两个月静悄悄地吸筹建仓之后，用C柱来"坚决休克"一下，让市场自然运行的低量柱，其最低价也没有跌破B柱的平衡线，显然这里是市场的底部。探明了底部的主力，胸有成竹地发起了连环攻击，于C柱探底的次日，以五倍的量能拉出第一个涨停。这个主力的高明之处并不止于探底的坚决，而在于拉升的豪放。C柱探底隔日再次以涨停拉升，并且一不做二不休，连续拉了四个涨停（根据量学的测算，一般主力会在第四或第七个涨停板的位置调整）。至此，其吸筹如笨牛，拉升如野马的"庄相"才显露出来。我们是4月29日即C柱后的第三个涨停板上发现这匹野马的，依然擒了两个涨停板。

再看D柱：又是一个令人拍案叫绝的低量柱。这是在连续五个涨停板之后的低量柱，市场抛压明显减少，主力即使想吸也吸不到筹码了，于是在D柱次日，来了个放量阴跌，一直打到跌停板。我相信许多人在这里庆幸自己获利了结了，但是第三天，主力来了个低开高走，直冲涨停，并且连拉四个涨停板。我相信许多庆幸自己顺利出逃的人应该悔青了肠子。

现在该看F柱了：这里还是低量柱，而且是自E柱跌停板以来连续十天下跌的最后一跌，这个"最后一跌"的手法十分老辣，价位可上可下，量能不高不低，让人觉得这里还有调整。由于我们一直跟踪这匹野马，发现这个低量柱后的平头小阳有一股欲藏又露的冲动，于是在F柱的第二天（即6月12日周五）盘前发出了第二次涨停预报。果然，该股当天涨停，而且连拉五个涨停。

最后请看G柱：这里还是低量柱，这个低量柱是由它次日的涨停确认的，根据前两波的经验，我们认定该股还有上攻的欲望和空间，其预定攻击目标就是D柱后面第一个涨停板（5月11日）19.90元×2=39.80元，于是我们第三次（7月1日）就这只股票发布盘前涨停预报。图9-4就是7月2日中午收盘后的截图。午后该股于14时29分封死涨停板。当然好戏还在后头，风险也在后头。如何回避风险，这就是我们在下一章将要介绍的"抄底逃顶法则"了。

综上所述，莱茵生物的主力非常"老辣"且非常善于"示弱"，从A柱到C柱，他"弱"得像笨牛吃草，让人根本觉察不到他在吸筹；从C柱到D柱、从F柱到G柱，每一波疯狂的拉升之后他依然在"示弱"，每逢四到五个涨停板时就来一个跌停板，"弱"得好像就要断气，让人根本觉察不到他还要拉几个涨停板；而他一旦"辣"起来，如野马一样飞奔，野鹿一样飞腾，狂傲而自信，轻巧而坚定，33天内竟然做出17个涨停板，这是何等老辣的高手哇！无论多么老辣的高手，量柱温度计一旦指向他，其花花肠子一目了然。我们的盘前预报，就擒住了他的14个涨停板。

归纳一下，用低量柱擒拿涨停板，有如下小窍门：

第一，注意低量柱 + 确认柱，这是"探底"与"回升"相佐证的标志。

低量柱一般出现在缩量柱的最后，也就是出现在股票走势的阶段性起伏的"谷底"，或者说是"凹底"，只要"次日量柱"高于这个"低量柱"（连续三日高于此柱最好），就基本上可以"确认"这里是"阶段性底部"，我们称这个确认底部的量柱为"确认柱"。在这个位置的介入基本上没有什么风险，但是很难抓到涨停。因为这里还缺少"底气"的配合。参见图9-4中的A、B柱。

第二，注意"低量柱 + 倍量柱"，这是"底部"与"底气"相结合的标志。

"低量柱"可以确认阶段性"底部"，但不一定有"底气"。也就是说，并非每个"凹底"都能产生飙升和涨停，所以"低量柱"都必须经过"次日量柱"的确认才能认定其性质。如果在"低量柱"的次日出现"倍量柱"，那才是"底气"的标志，往往一抓就灵。参见图9-4中的C柱、F柱。

第三，注意"缩倍的低量柱"，这是"夯底"与"拉升"相呼应的标志。

在正常的行情中如果突然出现"缩量一倍的低量柱"时，往往是庄家的"休克疗法"所致，目的在于清洗浮筹，夯实底部，测试支撑，探究现在"价位"的"承受力"，同时也是市场惜筹的表现。一旦发现这样的量柱，我们要特别关注，尤其是第二天的盘口走势，若开盘半小时内的量能有效放大，就有涨停的可能。参见图9-4中的D柱、G柱。

当然，量柱擒拿涨停绝非单凭一两根量柱来研判，还要结合走势进行综合评估。具体方法将在后面具体介绍。

第10章

平量柱：蓄势与爆发的温度计

第一节　平量柱的金贵身份

平量柱是量柱中的"稀有金属"。它至少由两根高度相对持平的量柱组成（用十字线对准相邻的两根量柱，二者基本持平即可，高度差在3%～5%），这样的量柱非常少见，所以非常珍贵。

从空间上看，平量柱有低位平量柱和高位平量柱之分；

从形态上看，平量柱有并肩平量柱和凹口平量柱之别。

下面重点讲讲最有实战意义的低位的并肩平量柱和凹口平量柱。

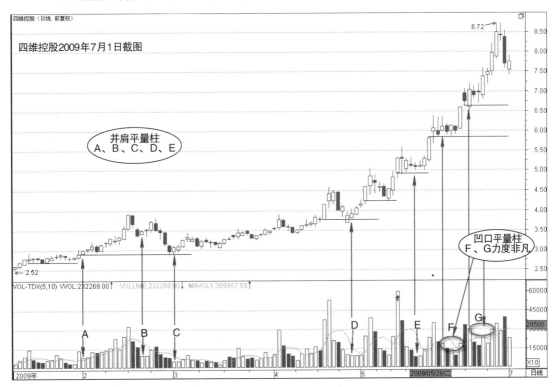

图10-1

请看图10-1四维控股（600145）2009年7月1日留影。这是我们2009年6月4日盘前预报的一只股票。图中有A～G共7个标记点。

并肩平量柱：

图10-1中A、B、C、D、E与其次日量柱的结合是典型的并肩平量柱，它们由二至四根相邻的高度基本一致的量柱并列而成，仿佛并肩站立的两个士兵或一排士兵。这5组"并列平量柱"的后势都是"温和上升"，只有B组的第三天开始滑落，但一触及到前面A组平量柱的"底线"时，即迅速上升，上升的时候，刚好以C组的平量柱为起点。这就奇了怪了。为什么在平量柱的面前出现这么多"巧合"呢？暂且按下不表，下一节将有专门论述。

凹口平量柱：

图10-1中的F、G两处圆圈框定的范围内是典型的"凹口平量柱"，它们是一左一右两根高度持平的量柱，两者间夹着若干根低于它们的量柱以形成凹口，仿佛是两个健壮的士兵守护着一群弱小的市民。这两组"凹口平量柱"的后势都是"猛烈飙升"的，且飙升的幅度越来越大。

为什么"并肩平量柱"是"温和上升"，而"凹口平量柱"却是"猛烈飙升"呢？可见有必要对其市场机理做深入剖析。

第二节　平量柱的市场机理

平量柱之所以能够在多空双方的激烈拼搏中形成，绝非"简单的巧合"。它往往是主力的计划性与市场的随机性在某一时段某一价位的"天然共鸣"，是平衡与倾斜的临界点，因而成为蓄势与爆发的临界点。

试想，连续几天的量柱几乎一样高，在千千万万投资者的较量中突然形成了这种"平量"的"巧合"，这是多么难以碰到的机遇。一旦碰到这样的机遇，一定有其特殊的含义。这里的含义非常丰富，但主要有如下几点：

第一层含义：根据"价在量先的规律"，平量相当于缩量，这是当前价位得不到卖方支持的体现，其未来价位有适当调高的可能。这就是图中A、B、C、D、E五个位置的平量柱后"温和上升"的原因。

第二层含义：根据"卖在买先的规律"，平量相当于惜筹，是卖方力量在明显减弱而买方力量在暗中蓄势的体现，其未来价位和量能将会逐步提高以适应市场的期待。这就是图中A、B、C、D、E五个平量柱后价升量增的原因。

第三层含义：根据"庄在散先的规律"，这是主力操盘计划的某种体现。众所周知，主力的进货、出货、拉升、打压等行为，都是有计划有目的的，一般会规定其操盘手在某某价位区间进出多少股票、动用多少资金。当操盘手按既定方案实施后出现了"平量"，就能清楚地知道平量柱所在位置多空双方力道的平衡点。平衡永远是暂时的，突破就在眼前。

如果不能准确判断当前的市场力道，主力一般会采取"休克疗法"，让市场自然运行，若市场量缩价平（如F处的凹口），则说明此价位得不到市场认可，主力会比照"休克疗法"之前的量能稍稍加力，形成左右两根平量柱呵护几根小量柱的"凹口平量柱"，这时的价位比此前大幅提高，而使用的筹码和资金比逐步拉升的梯量柱便宜许多。

由此可见，善于使用平量柱的主力比惯于使用梯量柱的主力"狡猾狡猾的"。来看图10-1中G处的凹口平量柱更狡猾，当然也更精彩！它的量柱是松中有紧，而价位是紧中有松，主力在试探中拉升，在拉升中试探，那种控放自如的高傲，那种轻松得意的狡笑，在G处的凹口平量柱中表现得淋漓尽致！

我们是在2009年6月4日发出盘前预报的，当时是发现A～E五处平量柱的间断性重复出现，这就是主力的习惯动作，反映了主力的行为规律，我们料定他还有类似的动作，果不其然，14天内，主力两次使用凹口平量柱蓄势，然后一路飙

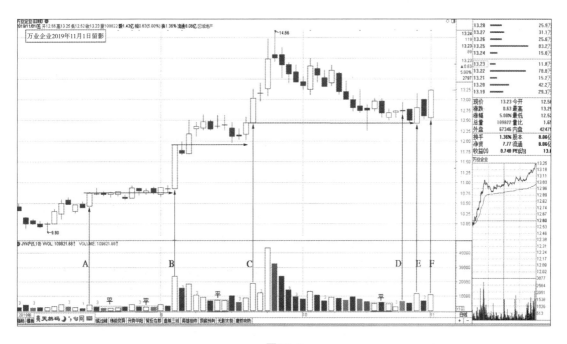

图10-2

升，其涨幅一级一级放大，该股从5.68元涨到8.72元，涨幅达到53%，其中有1个涨停板，5个涨停回落的长阳。

看懂了平量柱的上述市场机理，再看到图10-2万业企业（600641）这样的走势，你就会有条不紊地择机介入了。

第三节　平量柱的涨停预报

平量柱的涨停预报有两种：

一种是"直接涨停预报"，即紧靠平量柱的涨停，如图10-1中的D点、E点、F点位置，如第12章里达安基因的B点位置（见图12-3）。

一种是"间接预报涨停"，即邻近平量柱一天或数天内的涨停。

请看图10-3渝开发（000514）2009年7月1日留影。

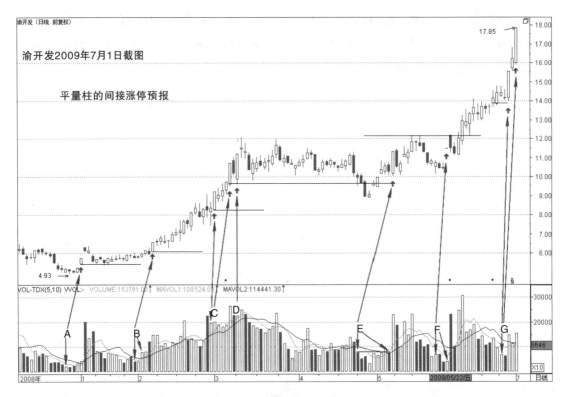

图10-3

这是股海明灯网站学员"雪狼"于2009年6月5日盘前预报并介入的渝开发，我们在6月22日盘中交流时也专门点评过这只股票。图中有A、B、C、D、E、F、G7组平量柱。这是一个惯于使用平量柱蓄势做势的强庄。

从A柱开始，是三日平量柱后次日涨停；

从B柱开始，是两个两日平量柱后次日涨停；

从C柱开始，是两日平量柱直接涨停；

从D柱开始，是两日平量柱直接涨停；

从E柱开始，是长达7天的凹口平量柱次日涨停（后面详述其因）；

从F柱开始，是两个两日平量柱的次日涨停；

从G柱开始，是两日平量柱后次日涨停，隔一日再次涨停。

纵观这7组平量柱的涨停方式，其多数是"间接涨停"，这就使得平量柱具有非常重要的预报价值。前面说过，平量柱很难出现，所以它珍贵；现在看来，平量柱次日或隔日涨停的特性，使它更加金贵。

为什么从E柱开始的"凹口平量柱"要用7天的时间来做这个凹口呢？因为从D柱开始是一段长达两个月的横盘整理，而且D柱到B柱之间有3个涨停板，其间积压了太多的获利筹码，主力在拉升之前，不得不清理市场浮筹，不得不测试拉

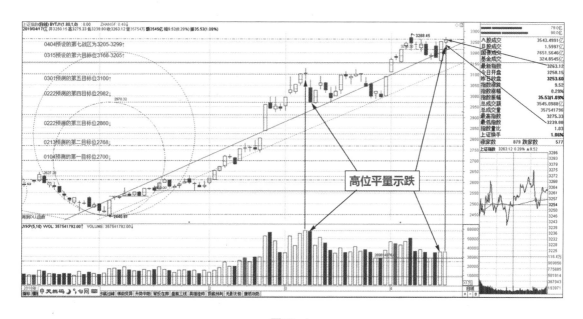

图10-4

升空间，所以在E柱前后进行了4天强力打压，用两个几乎跌停板制造了高达20%的凹口，我们就是在凹口F柱的次日（6月5日周五）发布的盘前预报。没有想到的是，这个主力贼滑，竟在6月8日（周一）实施休克疗法，当日缩量一倍，低位收集筹码，然后一路高歌猛进，我们在6月22日点评之后，好不容易才擒获了两个涨停板。

位置决定性质，是量学的生命。低位平量柱与高位平量柱的意义是截然不同的，我们要注意区分。

请看图10-4上证指数2019年4月17日高位平量示跌案例。

上证指数2019年4月17日出现高位平量柱后，即开始下跌，直到跌至本轮上升行情的二一位附近（即2019年2月25日跳空缺口处）才止跌回升。

第11章
倍量柱：实力与雄心的温度计

第一节　倍量柱的特殊功能

什么是倍量柱？所谓倍量柱，按照"左推法的原则"，就是比昨日量柱增量一倍或一倍以上的红色量柱。这个定义有三个特征：

第一，必须与昨日相比，即与"前一天"的那根量柱相比；

第二，必须比昨日量柱增高一倍或一倍以上（可以有10%的误差）；

第三，必须是红柱即阳柱（高开低走的"假阴柱"也应看成阳柱），因为伴随着"倍量柱"的股价一般是上涨的。

请看图11-1广博股份（002103）2009年4月10日留影。

图11-1

图中有A～G七根值得关注的量柱，除了E柱之外，其余A、B、C、D、F、G这6根量柱都比它们前一日的量柱增高1倍左右，所以我们称之为"倍量柱"。

再看对应"倍量柱"的价柱图，我们会发现几个公开的密秘：

（1）凡是"倍量柱"的当天，几乎都是"绝对底部"或"相对底部"；

（2）凡是"倍量柱"的当天，几乎都是走势的"拐点"或"起点"；

（3）凡是"倍量柱"的后面，都有一波不错的"上升走势"或"盘升走势"。

以上三点，就是倍量柱的三大特性。如果你认为这是我们故意挑选的特例，那就请你任意挑选几只股票看看，凡是倍量柱后面的走势都令人欣慰。这是为什么呢？以下我们将进行讲解。

第二节　倍量柱的基本原理

第一，倍量柱是主力介入的标志。前面讲过，任何主力都有本事让量柱增高，却没有本事让量柱缩小，那么只要是增高的量柱，肯定是主力介入的量柱，想想看，"倍量柱是比昨日量柱成倍增高的量柱"，凡是敢于增量一倍的主力，定是故意向世人宣告：我来了！我有实力接住所有的抛盘！可见这是实力和雄心的昭示。

第二，倍量柱是主力抢筹的标志。主力的"倍量拉升"难道是为了解放散户或帮助散户赚钱吗？非也！从前面的分析中可以知道，倍量柱往往处于"绝对底部"或"相对底部"，主力这时的"倍量拉升"相当于"倍量抢筹"，明显是"捡便宜的主"来了，可见主力是聪明的。

第三，倍量柱是一箭多星的招术。火箭发射讲究"一箭多星"，既是实力的展示，又是省力的招法。股市上主力"倍量拉升"的目的，说穿了是为他自己赚钱，同时也为他自己铺路。因为要想在股市上赚钱，他必须经过"试探、建仓、增仓、补仓、震仓、启动、拉升、出货"这八个环节，而"成倍拉升"一个动作可以同时兼容"试建增补、震启拉出"八项功能，何乐而不为？

事实说明，"倍量柱"是庄家或主力"下定决心"干的，既然他下定决心要干，肯定有一定实力，也有一定雄心，还有一定把握，要不然，谁会拿真金白银去打水漂？所以"倍量柱"是我们要研究的一个重要目标。

第三节 倍量柱的基本性质

从上面的分析可以知道，倍量柱在不同的位置和不同的价位具有截然不同的性质。为了让读者看得更清楚，我们给图11-1的重要量柱标上横线，请大家对照图11-2中的横线和标注，仔细体会每根量柱的性质，"悟解"主力的用意。

图11-2

结合图11-2，我们可以看到：

A柱：是倍量柱。它是在连续8天横盘之后，跌不下去又涨不上来的情况下，主力突然发力上攻，明显是在试盘，感到抛盘较轻，就连续拉升；

B柱：是倍量柱。又是在连续8天调整之后，股价即将跌到A柱次日第二个倍量柱的顶部时，明显是化解近期浮筹之后的建仓行为；

C柱：是倍量柱。它是在连续6天调整之后，股价刚好跌到B柱次日倍量柱的顶部时，突然倍量拉升，既有护仓意图，又有增仓意图；

D柱：是倍量柱。又是在连续6天调整之后，价柱突破左峰时的放量上攻，然后又是连续6天上攻，明显是感到抛压不重而进行的补仓；

上面两个连续8天，两个连续6天，节奏和频率一模一样。

E柱：不是倍量柱，而是我们将要讲到的黄金柱，正是有这根"黄金柱"的支撑，主力才敢于在这个位置大拉大洗。这个阶段，明显是洗筹，最凶狠的一天跌幅高达10%，可是无论它怎么跌，却始终没有跌破E柱的最低价位，所以这里是残酷的"震仓行为"，你看这里收集了多少筹码?

F柱：是倍量柱。又是在价柱突破左峰后的一次拉升行为，这次拉升之后，盘面显得轻盈活泼、升降自如，也就是说，前面的震仓起了作用，主力随时可以启动行情了。注意：这里又有两个"突破左峰"，位置和力度一模一样。

G柱：是倍量柱。也是本阶段的高量柱，主力有拉升的愿望，但是碰到了拉升的阻力，因为这么大的成交量，却只是一个倒锤头的小阳柱，所以这里可以看出主力是在"被动吸筹"，要想化解压力，有待再次拼搏。

综上所述，从动作到周期、从幅度到力度，这只股票在G柱之前都是一个庄家在操盘，手法和幅度一模一样。但从G柱遇到的阻力来看，可能在2008年被套的主力已开始出套，有可能形成多个主力拼搏的局面。究竟鹿死谁手，有待观察几日。

由此可见，量柱的确是股票和主力的温度计。

从上面的分析得知，倍量柱的性质是复杂的：

从主动行为上看：有建仓柱、增仓柱、补仓柱等类型；

从被动行为上看：有试探柱、震仓柱、护仓柱等类型；

从盘势发展上看：有黄金柱、启动柱、拉升柱等类型。

大家可以试着对自己手中的股票进行分析，看看它们各自属于哪种类型。

第四节　倍量柱的操盘启示

倍量柱的实用价值比较高，尤其是上升途中的倍量柱，往往是很好的介入机会。请看图11-3露笑科技（002617）2014年1月27日留影：

第一，发现倍量柱的当天，是介入的最好时机。从操盘学的角度讲，凡是"倍量柱"的当天，一般都是值得介入的机会，特别是在相对低位（如A）、在上升途中（如B）或重要量柱平衡线（如F）的位置。因为主力以"倍量柱"的方式拉升，不外乎"拉高建仓，抢夺筹码"，"拉高试探，测试抛压"，"拉高护盘，保存实力"，机会难得。

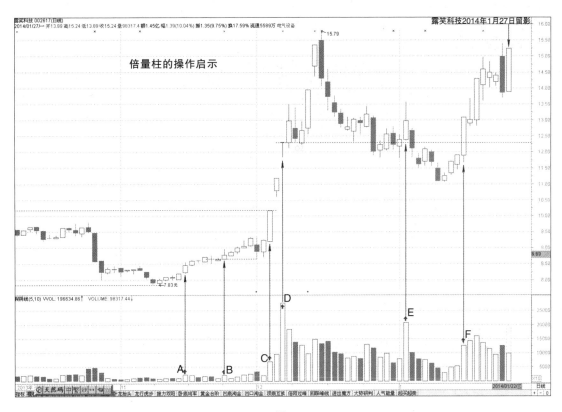

图11-3

　　第二，倍量柱的平衡线，是最好的防守线。因为倍量柱所在的平衡线，就是主力的防守线（如B倍量柱的实底攻防线），主力无论怎样打压，很少会打乱自己的阵脚，即使稍有跌穿，也会很快拉上去。需要注意的是，多主力控盘的股票有时会有例外。

　　第三，判准倍量柱的性质，是踏准操盘节奏的扶手。倍量柱与其他重要量柱的结合，可以帮助我们准确地找到主力的攻防目标和攻防节奏，只要踏准了，既能减少损失，又能提升利润。若能从倍量柱中看出主力的"操作目的"，那我们就能跟随主力的操作意图和操作节奏炒作股票了，随机应变地坐上轿子去兜风，那是多么惬意的事啊！

第五节　倍量柱的预测验证

　　图11-4是维维股份（600300）2009年4月13日的截图，我们在"股海明灯"

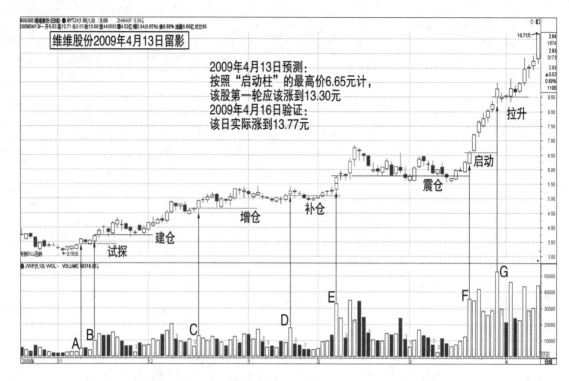

图11-4

网站上曾发布过对该股的预测。根据该股的走势分析，第一目标位应该是13.30元，第二目标位应该是18元。为什么？

请看图中的A～G七根量柱，除了G柱以外，其余六根量柱都是"倍量柱"，它们各自承担着"试、建、增、补、震、启、拉"的各种功能（详见七条平衡线下侧的注释）。

有朋友问："你是怎么看出这些功能的？"其实非常简单，你把自己当作主力，手中握有巨量资金，如果你来操作这只股票，你想怎么入手？你想怎么操作？对照图中的走势，你的意图和动作不是一目了然吗？请看：

A柱：倍量柱。是在连续三天小阳盘升的基础上突然拉升的，主力前面三天的小阳拉升是小试小吸，A柱就是大试大吸，试探有无抛售，再作打算。

B柱：倍量柱。是在A柱的倍量拉升两天之后，可能已试探到该股经过长达一年的下跌，已没有什么抛盘了，所以大胆建仓。

C柱：倍量柱。BC之间比较平稳，增仓迹象明显，看得出庄家是个稳重之人，爬升缓慢且震荡不大，采取了稳扎稳打的吸筹方式，直到D柱。

D柱：倍量柱。这一段的走势与ABC段的走势如出一辙，不温不火，明显有补仓迹象，显示了庄家的稳重性格和扎实作风。

　　E柱：倍量柱，兼有"黄金柱"的特点。正因为有这个"黄金柱"撑腰，庄家一改前期的稳重，连续两日大幅拉升，然后进入震仓洗盘。

　　F柱：倍量柱。借助震仓平台的支撑，轻松突破前期高点，开始了稳健的拉升。这里是我们的预报点，也是预测其涨幅的基准点。

　　我们要想在股市获胜，首先要改变自己的思维模式，要站在主力的角度来看势做势，不要老是以散户的思维来追涨杀跌，这样，你才能高屋建瓴，运筹帷幄，你才能真正体会到倍量柱的特点和功能，你才能真正体会到倍量柱的温度计效果。这些平衡线的画法和取点将在下面逐一说明，大家可先揣摩，待到讲座结束时，定有恍然大悟者。

第12章

梯量柱：谋攻与谋逃的温度计

第一节　梯量柱的两种走势

梯量柱是与缩量柱相对立的一组量柱群。它的特征就是"至少由三个量柱组合而成，像台阶一样逐步走高"。这样的量柱群比比皆是。

请看图12-1华天科技（002185）2009年5月14日留影。

图中有8组梯量柱，我们给每组梯量柱的最高点做上标记，这就有了A～H共8个标识，梯量柱的最高点对应8条垂直线。仔细体会这8个标记，你会发现两种截

图12-1

然相反的走势：

第一种：A、B、E、G、H这5组的后市是每况愈下；

第二种：C、D、F这3组的后市是每况愈上。

你再任意选取几只股票看看，多数梯量柱的未来走势是每况愈下，少数梯量柱的未来走势是每况愈上。

这就告诉我们一个秘密：梯量柱里隐藏着两种截然相反的走势，多数情况下（即正常情况下）走向衰竭，令人沮丧；少数情况下（即反常情况下）走向兴旺，令人欣喜。

同样是梯量柱，为什么会有如此巨大差别？如何才能回避这令人沮丧的"正常走势"？如何才能及时抓住这少数令人欣喜的"反常走势"？区别梯量柱的常态与变态，这就是下面将要探讨的重点。

第二节　梯量柱的市场含义

"步步登高"的梯量柱，是买盘逐步增加，成量逐步加大所形成的。它的形成至少有三层原因：

第一层，根据"卖在买先的规律"，显然是卖盘逐步增加的产物；

第二层，根据"价在量先的规律"，往往是价格逐步抬高的结果；

第三层，根据"庄在散先的规律"，往往是主力逐步增仓的动作。

由于三重原因的综合作用，这样的走势是市场抛压逐步增加、多方接盘也逐步增加的"顺边走势"，它必然走向"衰竭"。这就好比有的人练习走步时，右手和右脚同时并举，左手和左脚同时跟进，走成了人见人笑的"顺边"。这样的走势，或多或少存在一定的被动吸筹，也就是说，多方的买盘很可能是市场抛压逼出来的，也有可能是主力对市况判断有误，对时机选择有误，造成了被动吸筹的局面，只能一步一步撑下去，一旦实力不济或后劲不足时，平仓出逃是其唯一选择。图12-1中的A、E、H段就是如此。发现了这样的走势，我们散户的唯一选择就是与主力同步，"高点逢阴即出"。

与"顺边走势"相反的是"背离走势"。见图中的C、D、F段，当梯量柱形成之初，随着股价的上升，持股者越来越惜筹，持币者越来越抢筹，于是成交量缩小而股价却上升，这就形成了买盘旺盛而卖盘短缺的"价量背离"走势。这样的走势，是主动吸筹的表现，也就是说，多方的买盘是自发的积极的，因为市场抛压逐步减少，使得成交量逐步萎缩，形成"梯量柱+缩量柱"的"A量群"结构。这样的结构，将促使股价大幅上扬。

请看C柱后面的量柱都比C柱低，而股价都比C柱高；再看D柱后面的量柱都比D柱低，而股价都比D柱高。当第一个缩量柱出现的时候，往往就是我们需要擒住的机会。

第三节　梯量柱的变异行为

大家知道，正常情况下梯量柱是逐步走向衰弱的，尤其是梯量第四柱，通常都会向下回落，如果它一旦在梯量第四柱不回落，就是梯量柱的变态行为。所以，我们碰到梯量柱的时候，应该"盯三防四"，即关注第三根梯量柱，防范第四根梯量柱。如图12-1的D柱是第四根梯量柱，按照正常情况它应该跌，可它却反常上涨，此后连涨7天。

再看图12-2新海宜（002089）2014年1月27日留影。

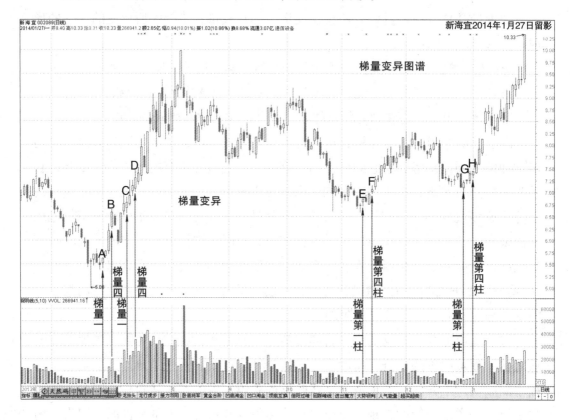

图12-2

如图所示，新海宜有4组梯量柱。

A～B为一组：A为梯量第一柱，B为梯量第四柱。"盯三"就是要盯住B柱前一日量柱，它倍量拉升，透支后劲；"防四"就是防范B柱，B柱跳空上行，继续透支，所以B柱次日即大幅回调。回调是缩倍量，连续两日呈缩量双阴洗盘，所以B柱后第三日大涨。

C～D为一组：C为新一波的梯量第一柱，D为第四柱。"盯三"即盯住D柱前一日量柱，该柱价升量随，当日量柱略低于日前高量柱，显得含蓄；"防四"即防D柱回落，现在的情况是，D柱不但没有回落，反而温和上升，那么，其后也将有温和上升。由此可见，"梯量第四柱"非常重要，只要第四柱温和上升，其后走势一般比较可观。

E～F为一组：E为新一波的梯量第一柱，F为第四柱。E后温和上行，毫不张扬，F柱跳空向上，也不张扬，所以F柱后连续上行不止。

G～H为一组：G为新一波的梯量第一柱，H为第四柱。G后温和上行，毫不张扬，H柱继续上行，稳重含蓄，所以其后走势相当可观。

第四节　梯量柱的涨停契机

梯量柱自身并没有多少涨停契机，但是作为参照物，梯量柱却有其独立的衡量涨停的机会。因为梯量柱的形成，是市场多空双方奋力拼搏的产物，拼搏之后必然形成多空双方力量的平衡点，这个平衡点，就是我们擒拿涨停的契机。

请看图12-3达安基因（002030）2009年7月1日留影。当时我们对其后市作过预报。这是我们连续三次对一只股票发出盘前涨停预报，而我们对它的研判起源于A柱这组梯量柱。A柱之前的4天是步步登高，A柱之后的7天是步步回落，然后是连续3天的平量柱。注意：

（1）A柱之后的7天调整，第七天的收盘价与A柱实底精准持平，说明这里是多空双方力量的平衡点，我们于平衡点出现后的第二天（即5月11日）发布盘前预报，此后该股连续5个涨停。

（2）5个涨停后，市场获利盘急需兑现，主力顺应市场要求，连续5天放量打压，在腰斩原涨幅的地方（五连板的二一位）挤压获利筹码，然后又进行了7天调整，这连续12天的回调整理，挤出了获利盘，抬高了持股价，第12天的收盘价刚好与B柱最低价平行。当盘面出现最后两个平量柱的第二天（即6月12日C

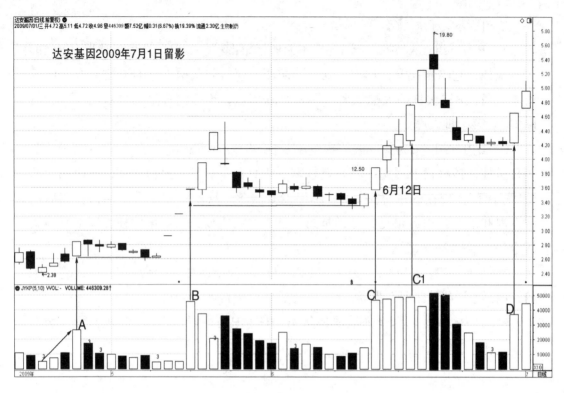

图12-3

柱），我们第二次发布盘前预报并介入。令人欣喜的是，6月12日的开盘价刚好与B柱的最高价持平。这就是主力的高明之处。此后该股连续两个涨停，股价从12.50元连续拉升到19.80元，6天涨幅达到58%。

（3）此后该股又进行了7天调整，前3天的回落幅度高达30%，但是接下来的4天调整，幅度越来越小，最低收盘价始终没有跌破C1柱的最低价平衡线，于是我们在6月30日D柱第三次发布了盘前预报，当天大盘大幅调整，该股早盘涨停后两度打开，最终于14时16分死死封住涨停板直到收盘。

根据其第三波的调整幅度计算，该股应该是以B柱的最低价12元为基准，有冲击24元的计划和实力。

事实说明，用梯量柱预测涨停，主要是用梯量柱的最低点来观察市场的多空平衡点，一般情况下，在平衡点的位置可能有中到大阳出现，一不小心，可能就是涨停板。当然，这要看什么样的主力在操盘了。

我们认为，选股就是选主力，买股就是买主力。只要掌握了主力的习性，我们就能跟准主力的节奏。

达安基因的主力有什么习性呢？

第一个习性是：以"逐步拉升"的梯量柱，来测试和衡量市场多空双方力量的平衡点。A柱、B柱、C柱三个高柱的形成，就是庄家测试的结果；

第二个习性是：以"逐步打压"的缩量柱，来测试和衡量最高量柱在多空双方力量对比中的撑力。A线、B线、C线就是主力衡量撑力的标尺；

第三个习性是：以"突然出手"的爆发力，来实施拉升和打压。一旦找到支撑，就实施突然拉升，急如鹰击长空；一旦发现抛压，就实施陡然打压，骤如流星坠地。没有一天的含糊和间歇。

这个主力的手法很值得研究和借鉴。他的时段划分，时机掌控，价位捏拿，底线把握……都是非常准确的。请看这三波的运行轨迹，谋攻时不攻，谋逃时不逃，而是隔山打虎，运筹帷幄。

与这样的主力为伍，不亦乐乎！

第13章
缩量柱：价位与人气的温度计

第一节　缩量柱的基本类型

缩量柱，顾名思义，就是比前一日量柱相对缩小的量柱。这样的量柱很多，但主要有如下几种类型。见图13-1中华企业（600675）2009年4月10日截图。

第一类，单日价升缩量，暗示后市上涨。请看C柱次日，缩量二一，其后逐步向上，连续走出11个碎阳（其中有个单阴，量学认为：单阴不是阴，单阳不是

图13-1

阳），量学讲的"碎阳慢升有好戏"就是指这种状况。缩量的幅度往往决定上升的幅度。在趋势向上、价格上升的前提下，缩量三一的较好，缩量二一的更好，缩为百日低量柱最好。

第二类，连续量缩价跌，可能否极泰来。请看A～B段、D～E段有关的缩量下跌走势，价跌量跌，量价配合，逐步走低，在缩量到本阶段的最低量柱后必然回头向上。这样的缩量柱，往往由3～13根量柱组成，跌到极限时，必然否极泰来，这时可以采用量学的"极阴次阳"战法。一般情况下，极阴后的次阳攻克最后一根阴柱的一半就是较好的伏击圈，若是次阳覆盖最后一根阴柱时介入，就是很好的伏击圈。

第三类，连续阴阳不济，暗示调整在即。请看A1、D1柱后面三天的量柱，阴阳参差不齐，暗示调整在即。你看这两根量柱后面的走势，都遇到了调整，但都在其前面A、D柱的基柱附近反身向上。可见，这样的缩量柱可以在其前面的基柱附近设置攻防线，一旦极阴后面出了次阳，就可伏击。

第四类，连续价升量缩，过顶触底做多。请看C、D柱后面三天的走势，连续三阳开泰，逐日价升量缩，其后势一般逐步上扬，其调整一般不会跌破C柱或D柱的最低价。值得重视的是：图13-1中的D柱，冲过了左峰A1实顶线，其后三日价升量缩，必创新高；我们在D柱的第二天发布盘前预报，果然第四、第五日连创新高至D1处；接下来的调整非常凶狠，连续4日狂砸，可是第四日的最低点刚好在D柱开盘价的位置，一点不多，一点不少。

为什么？显然这里是主力的攻防底线，以这个底线为依托，由连续4个中阴下跌，转而连拉5个中阳上涨。主力的阴谋阳谋统统展现在我们面前。

对于"价升量缩"的缩量柱，许多读者深有体会，它可以引伸出多种量学战法。详见与本书配套的清华大学出版社出版的《伏击涨停》一书。

第二节　缩量柱的特殊价值

从上面的分析可以看到，第三类"价升量缩的缩量柱"是最有价值的"缩量柱"，它们是紧靠倍量柱或高量柱的那一组成交量相对缩小而成交价却相对升高的量柱，这一组缩量柱的出现，既是对倍量柱或高量柱的肯定，又是市场价位与市场人气共鸣的契合。

"最有价值的缩量柱"一般应具备如下三个特点：

第一，它们一般是紧靠倍量柱或高量柱的缩量柱；

第二，它们一般是"价升量缩"的缩量柱，缩量越大越好；

第三，它们可能是"三根左右"的量柱群，逐步缩量最好；其3日内的收盘价必须保持在第一量柱的最低价上方。

请再看图13-1。这是中华企业2009年4月10日的留影，我们于2009年2月10日在"www.178448.com股海明灯网站"上发出盘前预报以来，两个月内的涨幅接近50%。该股为什么会有如此惊人的涨幅呢？请听我一一道来。

图中有A～F六根量柱，其中的A、D、E、F四根是高量柱，B、C两根是倍量柱，这六根量柱后面三天的量柱均有不同程度的缩量，所以，这六组缩量柱基本上属于"有价值的缩量柱"：

（1）A柱后三日是"阴阴阳，看它涨"。A后第一根量柱缩量二一，第二根量柱又缩量二一，可见市场严重惜售，主力想买而买不到，只好抬高价位，所以A柱就是主力的试探柱；试探柱的后面必然有拉升和适度回调，但其回调的幅度一般不会超过试探柱的底部。

（2）B柱后三日是"阳阳阴，找黄金"。B后价涨量缩，而最低价没有低于B柱的最低价，可见市场已现惜售，主力向上心切，这就是建仓柱。建仓柱后面的走势往往是横盘整理，然后择机向上。

（3）C柱后三日是"阳阳阳，必上涨"。C柱后面先低后高，价涨量涨，步步爬升，这种步步爬升的梯量柱，都是真金白银堆起来的，是拉高补仓的典型，因为它处于建仓柱的后面，所以我们称之为增仓柱。

（4）D柱后三日是"阳阳阳，必上涨"。D柱后面股价逐步升高，量柱逐步缩小，这种价升量缩的现象非常重要，它既反映了市场惜售的现状，又反映了庄家拉高的决心，所以我们称之为王牌柱。只要形成了王牌柱，其后的回调（主力依托王牌柱打劫）也不会跌破王牌柱的最低价位。请看D柱后面的大跌，最低点刚好就是D柱的最低点。

（5）E柱后三日是"阳阴阳，缩量涨"。E柱后三日的量柱始终低于E柱，而股价始终高于E柱（以收盘价为准），这里反映出"价涨量高，价跌量低"的市况，说明当时的价位有上涨的需要。

（6）F柱后三日是"阳阳阴，要当心"。E柱后三日量柱逐步缩小，股价逐步走高，明显的"价升量缩"，但第四日低开高走收假阳，第五日突然大跌，要小心它继续跌，幸亏第五日是长阴短柱，有止跌迹象。2009年4月10日，我们根据F柱后三日的量柱表现预测如下：先双阳，后一阴，三日左右有调整，但预计这里的调整不会低于F柱的二一位。

　　【2009年5月4日验证结果】该股自4月10日盘前预报以来，股价上升到13.65元（5月4日收盘价），期间调整的最低点为4月9日的10.46元，没有跌破F柱的二一位，其上升途中有两个涨停板。

第三节　缩量柱的市场意义和操盘启示

　　缩量柱的市场意义在于"确认趋势"和"发现主力"。前面讲过，主力的本事再大，他只能增加量柱的高度却不能缩小量柱的高度，因此，一旦出现明显的缩量柱，都是市场的自然行为。那么，这时的主力"袖手旁观"，甚至采用了"休克疗法"才可能使量柱大幅缩小。主力在这里的"休克"，其实是为了日后的"疯狂"。因此，"有价值的缩量柱"后面即使碰到调整，也不会跌破其第一量柱的最低价。这是最有价值的重大发现。

一、"价升量缩的缩量柱"隐含着三大市场意义

　　第一，根据"卖在买先的规律"，"缩量柱"是"市场惜售"的表现；

　　第二，根据"价在量先的规律"，"缩量柱"是"价格上扬"的前兆；

　　第三，根据"庄在散先的规律"，"缩量柱"是"庄已控盘"的暗示。

　　这样的缩量柱，是价位看涨与人气看涨的契合柱，一不小心就会走出连续上涨的行情。可以说它是"价位和人气的双重温度计"。正是从这种意义上讲，缩量柱是衡量王牌柱的标尺，同时也是支撑王牌柱的陪衬。

二、缩量柱给我们的操作启示

　　第一，"价跌量缩的缩量柱"，是市场拐点即将出现的重要标志，特别是在阶段性低量柱出现的次日，只要出现超过低量柱的红柱或倍量柱，就是介入的好时机（如F柱）。

　　第二，"缩量一倍的缩量柱"，是市场拐点出现的重要标志，例如我们在第9章里请大家验证的"中银绒业"，就是因为其F柱后的那根"缩量一倍的缩量柱"给了我们底气，我们才敢于理直气壮地做出盘前预报。

　　第三，"价升量缩的缩量柱"，是倍量柱和高量柱的伴侣和陪衬，没有缩量柱，我们就不可能确定倍量柱和高量柱当前的市场含义；因此，当确认倍量柱和

高量柱升华为王牌柱之后，可以择机介入，但要防备主力"打劫"；在发现主力打劫时，最好马上退出，然后在王牌柱或王牌柱的攻防线一带再次介入（如D柱平行线右侧的底部）。

中华企业（600675）的王牌柱由B、C、D、E、F五根高量柱组成，是主力实力的体现，它们接力登高，凶悍凌厉，体现出主力权衡市场力道，借力打力的操盘策略。其未来的走势将会逐步走高。

中华企业前面的走势再精彩，也不能代表其后面的走势也精彩。但是，由于有其前面的走势做基础，我们完全可以预测其未来的走势。

请看中华企业D柱和F柱的测算价值。在2009年4月10日，我们预测将会看到该股近期冲击14.40元的壮举。为什么？因为：

其D柱的最低价位是7.20元，其涨幅必然为当日最低价的双倍。如果按D柱当日最高价7.50元计算，该股的第一目标位应该是7.50元×2=15.00元。

其F柱的最低价位是9.55元，达到第一目标价位后只要打劫不失败，该股的第二目标位应该是9.55元×2=19.10元。

【2009年6月29日验证】中华企业2009年6月29日冲高到15.88元，收盘15.25元。从它当日价升量缩的缩量柱判断，其第二目标位将是F柱的双倍即19.10元。让我们跟踪测试吧（到2009年7月15日，其股价已达到20.80元。——编者）。

三、价升量缩，择机做多

综上所述，"价升量缩"是主力控盘的重要标志，根据"卖在买先的规律"，价格上升了，量柱却缩小了，其未来的发展方向肯定是向上的。一旦缩量达到昨日量柱的三分之一，那就要注意了。

请看图13-2上海钢联（300226）2014年1月27日午盘留影。

这是我于2013年11月18日在清华特训班上讲解的一只股票，当时预计它有翻番的走势。现在看来，它果然达到了预测的目标。

如图13-2所示：上海钢联有A～H共8个缩量柱，其中A和B是"价跌量缩"，涨幅不多；C是假阳真阴，务必小心；而从D柱开始的5个量柱都是"价升量缩"，其后走势非常可观。

【提醒：只要股价处于上升趋势，只要当天价格上升而量柱缩小三分之一以上，就要格外小心，因为中到大阳有可能不期而至。】

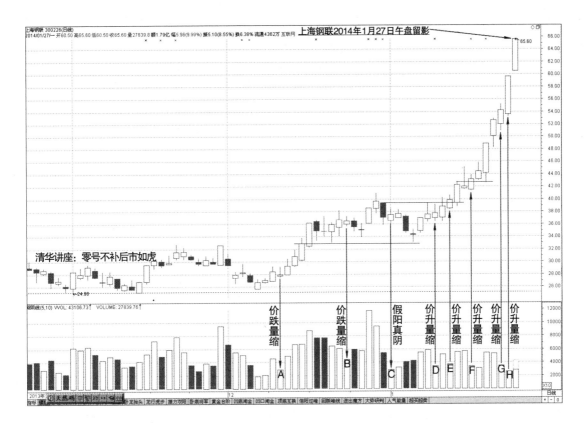

图13-2

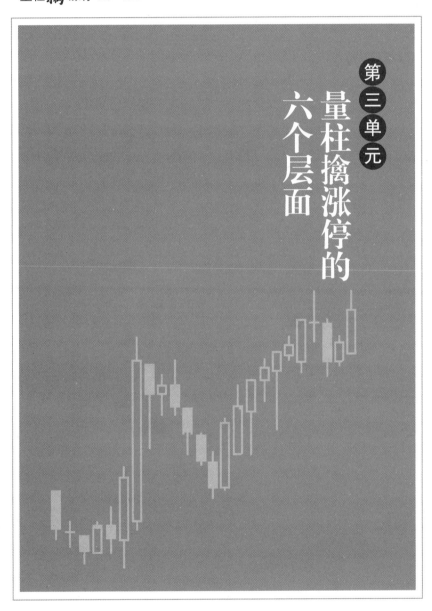

第三单元

量柱擒涨停的

六个层面

第14章

黄金柱：牛股与黑马的温度计

但凡股市中人交谈，最爱谈论的是飙升的黑马，尤其是谈论"抓住黑马又骑稳黑马"的乐趣。但事实上，抓住黑马又骑稳黑马的人很少，原因很简单，就是人们不了解什么是黑马，更不知道黑马何时飙升，何时歇足。

量学中的"黄金柱"，却能准确地告诉大家什么是黑马，并能准确地预测其飙升时段，还能预测其飙升幅度。

如何准确找到黄金柱呢？首版《量柱擒涨停》一书中，有详细的讲解，但判定手段比较复杂，判定标准和判定条件也比较苛刻，读者反映不好把握。为了方便读者学习和使用，本书的此次修订简化为"一线判定法"。这是经过北大量学实战特训班的同学们多年实践的总结，大家认为"一线判定法"非常简便、非常实用，应该推广。

第一节　黄金柱的"一线判定"

黄金柱是王牌柱中的一种，它介于将军柱和元帅柱之间，属于王牌柱中的"中层干部"，即中坚力量。

所谓"一线判定法"，就是以基柱的实顶画一条水平线（称为基柱实顶线），若基柱后三日的平均收盘价在"基柱实顶线"上方的，该基柱就是黄金柱；若基柱后三日的平均收盘价在"基柱实顶线"下方的，同时又不低于"基柱实底线"的，该基柱就是将军柱；若基柱后有向上跳空缺口的，该基柱就是元帅柱。

提示一："基柱"特指次阳柱、高量柱、大阳柱、跳空柱、倍量柱、过峰柱，简称"次阳高大空倍峰"六个要素。

提示二：基柱自身的量柱可以低于后三日的量柱，但基柱后三日的量柱，应该遵循"价升量缩"的基本原则。

提示三：王牌柱中的黄金柱、将军柱、元帅柱三者的关系可简单描述为：线上是黄金、线下是将军、跳空是元帅。

本书重点是讲解黄金柱，关于将军柱和元帅柱的详细讲解，可参见清华大学出版社《伏击涨停》2020年修订版的相关内容。

下面请看图14-1申达股份（600626）2014年1月30日留影。

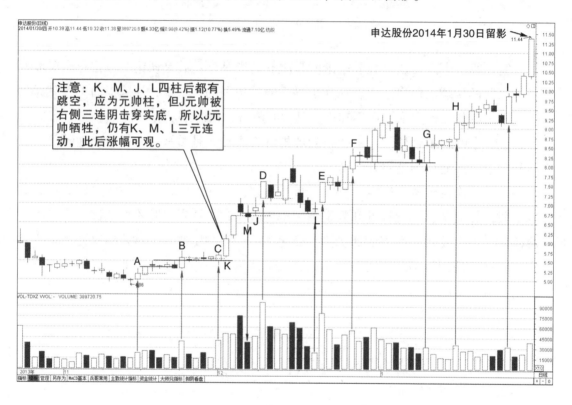

图14-1

图14-1申达股份的走势图中有A～I九根王牌柱，其中：

A柱：是极阴次阳柱，其后三日的平均收盘价高于基柱实顶线，基柱后三日的量柱形成"价升量缩"态势，所以A柱就是黄金柱。

B柱：是高量倍量柱，其后三日的平均收盘价低于基柱实顶线，高于基柱实底线，基柱后三日量柱缩小，所以B柱是将军柱。

C柱：是倍量柱，其后三日价柱的平均收盘价高于基柱实顶线，价柱升幅大于量柱升幅，相当于"价升量缩"，所以C柱是黄金柱。

D柱：是倍量柱，后三日平均收盘价低于基柱实顶线，同时高于基柱实底线，其对应量柱逐步缩小，所以D柱是将军柱。

根据上述标准，E、F、G、H、I五根柱子都是"黄金柱"。

值得重视的是K、M、J、L四柱，它们的次日都是跳空向上的价柱，根据"先者优先、跳空补空"的元帅柱生成原则，它们都是元帅柱。但是，J柱左侧三连阴击穿了J柱实底，所以J元帅牺牲【注意：无论什么王牌柱，只要其右侧有阴柱实底击穿王牌柱的实底，该王牌柱就光荣牺牲了，其原有的股性就消失了】，当前该股剩下K、M、L三个元帅接力，所以自E柱开始迅速向上，走出了一段翻倍行情。

综上所述，黄金柱的"价升量缩"是双向对比的，只要基柱后三日的量价发生背离的，就是"价升量缩"。它有三种情况：

第一，价柱上升而对应量柱却下降，即"价升量减"呈"嗽叭口"如E、G；

第二，价柱上升而对应量柱却持平，即"价升量平"呈"平三角"如A、H；

第三，价柱升幅大于对应量柱升幅，即"价高量低"呈"小漏斗"如C、I。

图14-1申达股份之所以走势强劲，这九根王牌柱起了很好的作用。如果以"斗地主"来比：黄金柱相当于"大王"；而将军柱是"小王"；元帅柱则是"炸弹"。申达股份这只股票，要大王有大王，要炸弹有炸弹，所以其涨势喜人。反观很多投资人所选的股票，很少有黄金柱，其走势难免松松垮垮，没有后劲。如果换一种玩法，也许是另一番风景。

第二节　黄金柱的"三个级别"

为什么有黄金柱支撑的股票就"牛"呢？其实原理非常简单。

第一，因为它是在次阳柱、高量柱、大阳柱、跳空柱、倍量柱、过峰柱的基础之上，叠加了缩量柱的功能后形成的"双重价值"，这里的双重价值不应该是加法，而应该是乘法。

第二，三先规律告诉我们，"缩量"是持股人"惜售"，或者是主力或庄家"控盘"的结果，股价涨了却没有人卖，你想是什么结果？想买而买不到的货色必然涨价，直到涨得你心满意足时才会卖出。

第三，黄金柱是主力历经千辛万苦，处心积虑组织的一轮行情的发端，他必须先稳住自己的筹码来测试市场的浮筹，于是用基柱作基础，先拉一点看看市场有无抛压，再拉一点看看市场有无抛售，待到第三天还是没有量放出来，他会感觉到自己前面的洗筹震仓收到了效果，于是，他就可以放心大胆地展开新一轮拉升了。所以这三天的缩量大有文章。价柱的"真假大小阴阳"组合，就能度量出主力的意图和实力。当然，也有借这三天悄悄吸筹的，如果我们能看准这个机会，无论什么时候介入都能享受坐轿子的乐趣。

但请注意：并非所有黄金柱后面都可走牛，有些黄金柱看起来不错，可等你一介入它就"黄了"。因为黄金柱也是有级别的，从高到低分别是"合力黄金柱""接力黄金柱""独立黄金柱"三个级别。级别低的往往走势不牛，有的甚至经不起折腾，级别高的才能支撑其走牛。

图14-2是中兵光电（600435）2009年7月24日的截图。

图中标出了A～O共15根量柱，按照前面讲解的方法，显然H、I、J、K、L、M不能充当"黄金柱"，只有A、B、C、D、E、F、G、N、O能够称为黄金柱，与图中的H、J、L等高量柱相比，都是不起眼的中低档量柱。古语有言"山不在高，有仙则灵"，由此看来，"柱不在高，含金则灵"。这里的"金"，是"量、价、时、空"高度统一的结果。

以上10根"黄金柱"的后面，有的走得好，有的走得不好，其原因就在于它们的组合级别。

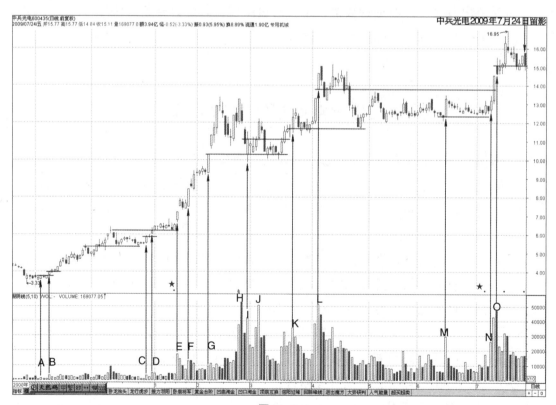

图14-2

一、合力黄金柱

王牌柱后三日内出现黄金柱，为合力黄金柱。

如图14-2所示：A柱是倍量柱，后二日收盘价平均低于A柱实顶，所以A柱可预定为将军柱；但是，紧接A柱后的第三日B柱跳空倍量上行，远高于A柱实顶，A柱后三日收盘价的平均值高于A柱实顶。所以，A柱即由将军柱升级为黄金柱。

再看B柱，也是倍量柱，此后连续三根缩量柱，股价步步上升，量柱却未超过B柱，可见B柱是黄金柱。由于它是A柱后的第三天起柱，没有超过A柱"三日定性"的范围，是对A柱的补充，所以B和A形成了合力黄金柱。

这种"合力黄金柱"，由左右两柱构成，它提升了左柱的品质，又巩固了右柱的基础，所以一般情况下，"合力黄金柱"后面往往有10%～20%（或7～9个小阳）的上升空间。本例从B柱到C柱的拉升，就是A、B柱合力造成的碎步爬升，成交量温和放大，回调也相当温和。

再看C柱，又是倍量柱，次日价升量缩还未形成黄金柱时，D柱第二天就参与进来补充拉升，C、D二柱便成了"合力黄金柱"。在拉升到B、C之间的峰顶时，E柱腾空而起，又是倍量拉升，一举突破B、C之间的峰顶。

正是A、B和C、D两组"合力黄金柱"，让我们看到了主力由试探到建仓，由建仓到增仓的完整过程和勃勃雄心，所以，当D柱最高点冲过前期盘整平台的时候，我们发现主力即将启动，并于当日（即2009年1月14日周三）发出盘中预报（见图中五角星处），果然，第二天该股直冲涨停。从E柱开始的这一波，我们陆续擒获了5个涨停板。

二、接力黄金柱

王牌柱三日后出现黄金柱，为接力黄金柱。

如图14-2所示：E柱和F柱是两根标准的、独立的黄金柱。它们后面三日都是价升量缩，由于F柱是E柱后面第四日形成的黄金柱，二者独立且互相接力，这就是标准的接力黄金柱。

一般情况下，接力黄金柱后面往往有20%～30%的涨幅，所以从F柱开始的涨幅非常强劲，昂扬向上，直冲云天（注意：本例中的E柱和F柱自身就是元帅柱，所以涨幅超过一般的接力黄金柱）。

再看G柱，应该是F柱的接力黄金柱，但由于G柱与F柱的距离稍远，接力欠佳，不能形成"有效接力"，所以其拉升的动作显得力不从心，必然冲高回落，完成了从E柱启动的这一波飙升。

我们说黄金柱具有顶天立地的作用，绝对不是夸张。你看图14-2所示，中兵光电（600435）只要有黄金柱的地方，任何一波拉升，都从其左峰启动；任何一波打压，都没有击穿黄金柱的底线。这就是"顶天立地"。

三、独立黄金柱

王牌柱后长期没有黄金柱，为"独立黄金柱"。

如图14-2所示，I柱刚刚形成王牌柱即回调，为什么？因为其后没有合力，也没有接力，致使I柱成了孤家寡人，I柱就是典型的独立王牌柱。常言道："独木不成林"，独立的王牌柱也难以形成好的走势。这和量学强调的"单阳不阳，孤阴不阴"是同样的道理。

再往后，直到O柱的出现，才是另一番景象。因为N柱与O柱形成了"合力黄金柱"的合力拉升格局。我们就是在N柱前两天的"小倍阳"即2009年7月6日发布盘前预报（见图中五角星处），第三日再次擒住涨停板。

由此可见，黑马和牛股都是黄金柱撑起来的。黄金柱的合力和接力，才能形成逐步向上的走势，否则，独立黄金柱孤掌难鸣。抓住了黄金柱，就掐住了庄家的穴道，他们的实力、意图、方向和幅度，无不刻在黄金柱上。所以黄金柱是黑马和牛股的温度计。用它一量，再狡猾的庄家也能原形毕露。

【第1版中的"中继黄金柱"就是"接力黄金柱"和"合力黄金柱"的别称，第2版省略这个称呼，以减少量学术语，特此告知。】

第三节　黄金柱的"三个位置"

量学强调"位置决定性质"，这是股市平衡原理的重要作用。有些主力很有资金，但却没有掌握平衡原理，在错误的位置发动错误的行情，那是要吃亏的。从位置上看，黄金柱可分为卧底黄金柱、探顶黄金柱、过峰黄金柱三种。请看图14-3西陇科学（002584）2020年1月23日留影。

一、卧底黄金柱，即构筑左侧下跌的凹底

如图14-3所示：A柱，极阴次阳过阴半，一是刹车，刹住左侧下跌势头，二是筑底，为日后打下基础。它是卧底黄金柱，又称托底黄金柱或卧底王牌。它带

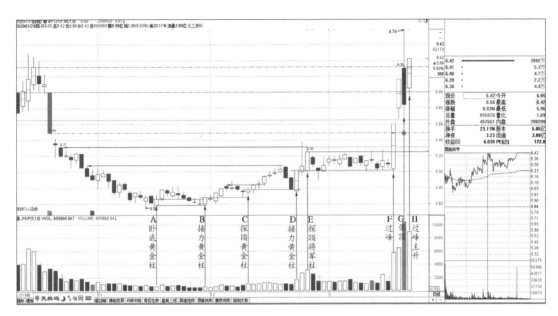

图14-3

有主力护盘的性质，既有保护性，也有自救性。因为它往往是连阴下跌后的第一个刹车动作，其性质和第一个小倍阳、第一个小高量一样，带有试探性，能否成功刹车，还有待确认。所以，在卧底黄金柱介入不是太稳妥，应该在确认刹车成功之后介入。

2020年2月10日，我们发布"卧底黄金柱涨停趋势"之后，连续3天都是卧底黄金柱占据两市涨停榜的绝对多数。据2月12日统计，两市有31只"光伏概念"涨停，其形态都是齐刷刷的"卧底黄金柱涨停"。

二、探顶黄金柱，即探测其左侧最近的峰顶

如图14-3所示：B柱，其实底和实顶均高于A柱，是A柱后第九日出现的小高量柱，其所形成的黄金柱明显是接力黄金柱，处于换挡的位置，可以作为第二级黄金梯，但因为其实底没有超过刹车柱的实顶，也有辅助刹车的味道，所以这里一般不宜介入，等候第三个黄金柱出现。

C柱，其实底明显高于B柱实顶，其虚顶探测最近的左峰，属于探顶黄金柱，处于第三级黄金梯的位置，这是可以介入的位置，但是，如果第三级拉升太快，一般会出现打劫现象。C柱后连续6天上涨，所以第7、第8两天打劫，精准回踩C柱实顶线（即黄金线）。这种精准回踩一旦确认有底，便是介入良机。

D柱，小倍阳，几乎平左峰，次日长臂侦察兵上探左峰，是典型的探顶黄金

组合，一旦探顶成功，就会发起主攻。所以，投资人可以在确认探顶成功后大胆介入。

三、过峰黄金柱，即突破其左侧最近的主峰

如图14-3所示：F柱，这是以E柱将军柱为依托，横盘整理16天之后的突然过峰，该柱即过峰黄金柱。过峰之前二日是倍量柱，倍量柱之后是缩量三一，这种倍量伸缩组合，即暗示日后有中到大阳，果然次日开始两连板。

F柱过峰后的第三天是G柱，该柱高开摸板后回落收假阴，一日完成过峰保顶双重功效，假阴真阳，牵牛待涨，假阴只要次日不低开，往往就是介入良机。

H柱高开于假阴二一位附近，只要突破假阴二一位，就是最佳伏击圈。该柱当天是春节后的最后一个交易日，主力不怕春节长假的诸多不确定因素，果断缩量过左峰，而且是过群峰，说明主力控盘良好，信心十足，节后将进入主升，我们且拭目以待。

如果我们发现了黄金柱的"卧底、探顶、过峰"的这套组合秘密，一旦黄金柱的第一倍量柱出现，就可大胆介入，享受涨停的乐趣，然后在接近目标位受阻时出局，那是多么惬意多么过瘾的事啊！

根据第一倍量黄金柱的测幅原理，我们以D柱（小倍量黄金柱）的实底4.76元×2，该股的第一目标位将在9元左右。因为该股从A柱开始的五级黄金梯非常稳固，达到此目标位应该没有问题。

【2020年2月12日验证】该股2月6日最高探至8.25元，基本符合预测。

黄金柱的测幅原理，详见下面的讲解。

第四节　黄金柱的测幅功能

顺便告诉大家一个秘密：黄金柱是主力测算未来股价的标尺。

因为主力从建仓到洗盘，从震仓到补货，经历了千辛万苦，好不容易收集到一定的筹码，好不容易组织起一场像样的战役，没有像样的拉升，他是没有利润的。所以，合格的黄金柱至少应该有如下三种目标，即拉升幅度。

请看图14-4中茵股份（600745，现为闻泰科技）2009年7月24日留影。

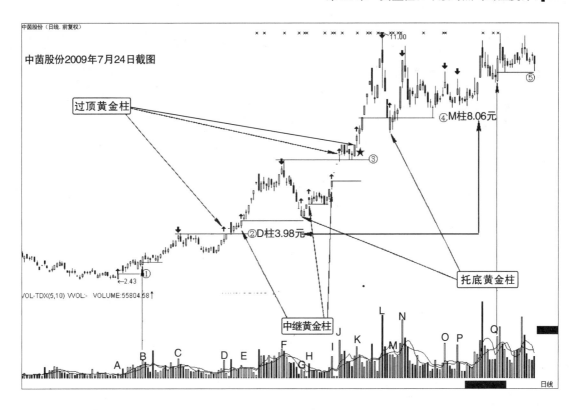

图14-4

第一，从位置上看，黄金梯上的黄金柱，具有双倍测幅功能。

例如图14-4中茵股份已形成①②③④⑤五个梯级，只有在这五个梯级上的黄金柱，才具有测幅的功能。粗略地讲，其测幅的计算对象是以二测四、以三测六、以四测八……

具体地说，就是以第②级测算第④级的涨幅，以第③级测算第⑥级的涨幅，以第④级测算第⑧级的涨幅……以此类推。

例如中茵股份第②级的底线是D柱的最高价3.98元，那么到第④级的预测价位应该为7.96元，实际上M柱的收盘价为8.06元，误差仅为1%，多么精准！

第二，从性质上看，过峰黄金柱，具有双倍测幅功能。

"过峰"是主力的拉升进入新阶段的重要标志，过峰前的所有动作都是为了创造利润空间，所以"过峰"的前期，主力早已计算好了自己的筹码与市场筹码，计算好了拉升空间与打压空间，我们抓住"过峰黄金柱"，就能准确计算出主力的拉升幅度。

图14-5是中兵光电（600435）2009年7月31日截图。图中黄金柱E当日（即

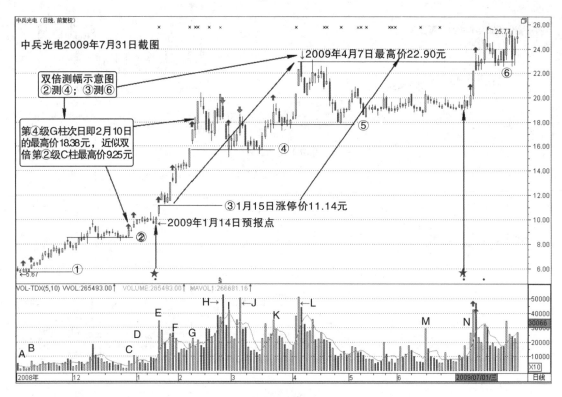

图14-5

2009年1月15日）最高价是11.14元，那么它未来的股价应该是11.40元×2=22.80元，事实上，该股4月7日的最高价是22.90元。双倍测幅，精准无误！

再如图14-4中茵股份的第②级，D柱冲过C柱的峰顶，D柱的最高价是3.98元，那么，其相应的第④级的目标位应该是3.98元×2=7.96元，实际上第④级的起点M柱的收盘价为8.06元，误差仅为0.01%。

第三，从后市看，最后一个黄金柱没有接力，目标将夭折。

预定目标是一回事，达到目标是另外一回事。我们切切不可盲目相信测幅功能。当预定目标位未能实现，且后市没有接力黄金柱出现时，应该及时调整预期，果断出局。下面来看图14-6渝开发（000514）2009年7月31日截图。

从图14-6可以看到，渝开发A柱的启动点是6元，经B柱接力拉升，刚好达到12元即回落，此后四次冲顶均未成功，说明这里阻力很大，在12元左右形成了一道坚固的防线。

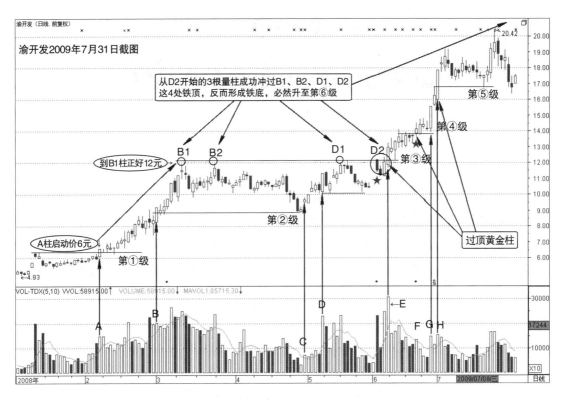

图14-6

E柱是一根"过顶黄金柱"，它一举冲过了B1、B2、D1、D2四个峰顶，该股冲顶前后的走势非常怪异：

冲顶前，D2是一根假阴倍量柱，次日缩量一倍，第二日再次倍量拉升，第三日即E柱放量过顶。我们是2009年6月5日在D2柱发布盘前预报的，预报后没有捉到涨停，但其呈"价升量缩"态。

冲顶后，价升量缩，横盘十日，有异动的可能，我们又在F柱再次预报，三日后才捉到两个涨停。

现在看来，12元是该股本阶段的铁底，因为有四个峰顶支撑，有三道过顶黄金柱拉升，按照"过顶黄金柱"的测幅算法，该股的第六台阶应该是：

第三台阶的底线价12元×2=第六台阶的目标价24元。

但是，到第⑤级时，是两个"独立黄金柱"，此后再也没有接力了，所以第三台阶的目标必然夭折。

第15章

黄金线：支撑与涨幅的温度计

前面对中茵股份的走势分析，许多人看后赞不绝口。我们在2009年4月7日的讲座中提到它时，它的股价是8.06元，当天涨停。而到了4月13日你再看看，已涨到8.46元，又是涨停。我在牛股预报中很少提及"ST股"，因为它一天最多只能涨5个点，即便天天涨停也不过瘾。但是作为讲座，它却很能说明问题。它为什么能一步一重天地向上攀升呢？其奥秘在于它有一组黄金线在起重要作用。

第一节　黄金线的基本特征

什么是"黄金线"？黄金线，就是以王牌柱的基柱为基础，以主力的足迹回踩的位置为基点画出的水平线。

这就是说，黄金线是主力的"足迹线"，可以是黄金柱的实顶线、实底线、腰部线或黄金柱的三一二一位置线。

请看图15-1天华超净（300390）2020年2月13日留影"：

A、B、C的实顶黄金线、实底黄金线非常清楚。下面重点讲讲D、E二柱的黄金线。

D柱有实顶实底二线，D柱后第一、第二天的实底踩着D柱腰部位置，所以D柱有三条黄金线。

E柱也有顶底两条黄金线，从E1柱开始，"阳阳阴，找黄金，找到黄金可买阴"。至E2处连续三天回踩E黄金实底线，所以E2柱是"黄金线上阳盖阴，逢低介入七成金"。

最精彩的是E3柱，这是2020年2月3日周一，春节后开市第一日，大盘大跌260点，该股顺势低开回踩D柱实底黄金线，然后拉起，最高涨到9个点回落，收盘仍涨2.43%盖阴，明显强于大盘，又可以"黄金线上阳盖阴，逢低介入七成金"。

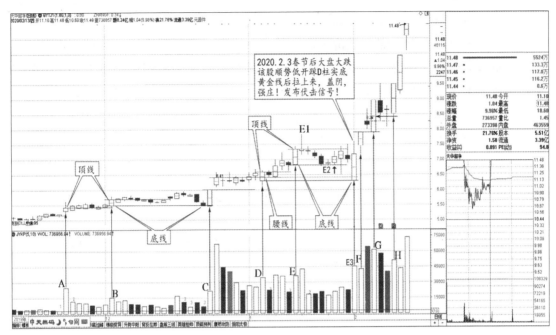

图15-1

根据主力回踩黄金线的位置，可以判断出主力的性格和实力。根据庄家回踩的足迹来看，往往踩顶的是强庄，踩腰的是精庄，踩底的是狡庄。若是又踩顶又踩腰的怎么判断？哪种动作多的，庄性就偏向哪种。

例如，从这只票的走势来看，这个庄属于什么庄？A、B、C三处都是踩顶，D处是踩腰，E3处是顺势踩底后探顶，显然这是个强庄。这样的庄，我们就要跟！于是，我们量学云讲堂的许多同学在值班老师的带领下，于E3处介入，另有部分同学先后在F、G、H三处介入。

为什么敢于介入？因为F柱跳空过E柱实顶，G柱踩着F柱实顶，强庄！H柱精准回踩G柱二一位，精庄！这个庄家"又强又精"，是个精明的强庄！所以更要跟！

由此可见，"黄金线"就是"黄金支撑线"，又是"庄家性格线"。它既是主庄苦心经营的"攻防线"，又是主庄步步为营的"生命线"。离开了这条线，主庄不可能指挥他的千军万马，也不可能调遣他的资金运作。所以，如果抓住了黄金线，就等于是掐住了主庄的脉搏。

黄金线的功能是黄金柱的衍生功能，也可以说是黄金柱的孪生兄妹。它是主庄以黄金柱后的量价平衡点作为攻防拉压的一个标尺。有了这根标尺，庄家或主力可以一边衡量市况，一边捕捉战机，还可以一边震仓洗盘，一边吸筹拉升。只要守住该线，推拉洗砸，任其表演，表演结束，必上云天。该股从E3柱6.5元起步，一年内涨到137元，成为20倍大牛股，就是证明。

什么是量价平衡点呢？量价平衡点就是黄金柱后三日没有跌破的那个点位。它可能是黄金柱的最高价，也可能是黄金柱的最低价，还有可能是黄金柱实体的上端或者下端。这是经过市场检验后的买卖力量平衡点，所以非常重要。寻找量价平衡点的方法，就是下面要讲解的重点。

第二节　黄金线的取点方法

关于"黄金线的取点"，第1版书中的标准和要求比较复杂，读者难以掌握，此版简化为"主力行为取点"，就是取"主力在王牌柱后三日踩出的那个点位"。也就是以王牌柱（将军柱、黄金柱、元帅柱）的基柱为标杆，主力的足迹踩到哪儿，我们就在哪儿画"黄金线"。主力的行为有虚有实，所以量学要求我们"先顶后底、先实后虚；顺势找平衡，微调抓战机"。

请看图15-2杉杉股份（600884）2009年4月10日留影：

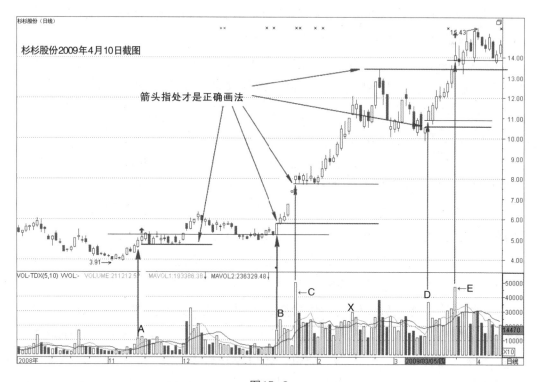

图15-2

图15-2是我们2009年1月9日在"www.178448.com 股海明灯网站"盘中推荐的杉杉股份（600884）截至4月10日的走势图。图中有A、B、C、D、E五根重要量柱，几乎都是由高量柱或倍量柱形成的各种王牌柱。其黄金线的取点画线如图所示：

（1）A柱后面的三根量柱逐步缩小，其对应的三根价柱的收盘均价没有跌破A柱对应的价柱实顶，所以A是一根黄金柱，其黄金线应该以其基柱后第三日阴柱的实底取点画线。因为这根线上，有七次精准回踩的动作。

（2）B柱（2009年1月12日），倍量柱，其次日量柱稍高，此后三根量柱逐步缩小，其对应的三根价柱逐步走高，二者形成"喇叭口"，所以这是一根标准的和十分称职的黄金柱。需要提请大家注意的是，从A柱次日价柱的顶部画一条水平线，刚好与B柱的实底持平，根据倍量柱"过顶起柱看涨"的原理，我们于2009年1月9日做出了盘前预报，该股当天涨停，小涨两日后连拉三个涨停板。截至4月10日，该股由预报时的5.21元涨到15.43元，涨幅达3倍，此区间有10个涨停板。

（3）C柱是高量柱，其后三根量柱逐步缩小，其对应的三根价柱平均收盘价低于C柱实顶，所以是将军柱。我们以C柱的最低价画出一道支撑线，果然，日后的股价在这根支撑线上五次"触线即升"，说明这条线经受了考验，是一条强有力的支撑线，随后股价连续飙升。

【注：C柱左侧是三个元帅柱，三元连动促其后大幅飙升是主要原因，C柱右侧的六日横盘，是高位蓄势洗盘，洗盘到位后，才连续拉升。】

（4）D柱后面的三根量柱是"缩量红柱"，且有平量柱的建构，而其对应的三根价柱却是步步高升，可见D柱是非常地道的平量黄金柱。由于D柱后面第一根价柱开盘价与D柱的开盘价持平，最低价低于D柱，所以我们以D柱的开盘价取点画线。

【注：D柱是跳空柱，其前一日为元帅柱，所以这里也可取D柱前一日实顶画线，预留D柱后面的补零走势，D柱次日平开低走，没有补零，所以这里就可使用"零号不补"的"零号战法"。】

（5）再看E柱，是高量柱，其后三日平均收盘价高于基柱实顶，其对应的三根量柱逐步抬高，与价柱不协调，可见E柱有黄金柱的样子却没有黄金柱的实质，只能是"次黄金柱"。这里的"黄金线"怎么画？E柱跳空，其前一日即元帅柱，我们就可以元帅柱的实顶画线，其建构就和D柱一样了。E柱后第二日最低点击穿元帅柱实顶线后又升起来，虚底穿零属于"零号不补"，又可以使用"零号战法"介入。

第三节 黄金线的攻防策略

有了黄金线，我们就能依托黄金线，坐着主庄的轿子走。

下面请看图15–3维维股份（600300）截至2009年4月13日的走势图，当时我们把它发到"www.178448.com股海明灯网站"上，图中标明了该股的第一目标价和第二目标价，让股民一起来验证。

对照这只股票的走势，我们可以悟出黄金线的黄金味。

请看A柱：后三日没有跌破A柱对应价柱的最低价，且有B柱倍量拉起，这明显是一个黄金柱，我们可以在盘中大胆介入。

请看B柱：后三日两阴一阳，最低点也没有跌破B柱对应价柱的最低点，我们可以在B柱对应价柱的最低点画一条黄金线，其后虽有两次触及黄金线，但都是瞬间下探，随后即大幅拉起，显然，这是主庄对黄金线的试探，我们可以持股待涨，坐轿兜风，直到C柱。

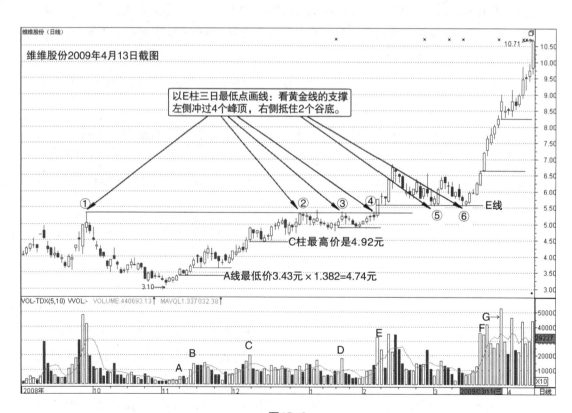

图15–3

请看C柱：后三日是"阴阳阴，找黄金，找到黄金可买阴"，这时可在C柱的最低价（虚底）画一条黄金线。C柱后第四日最低点刚好回踩黄金线即上，这里可以买阴，第五日缩量跳空向上，可用"零号战法"介入。

请看D柱：是根高量柱，但不是黄金柱，因为其后四日连续缩量下跌，而D柱左侧的这根价柱是"首阳盖阴"，其对应的量柱是"阳平阴"，所以二者的力量平衡，D柱左侧的这根量柱才是黄金柱，应该以其最低点画黄金线。事实上，D柱后面的下跌最低点刚好证实D柱左侧的这根黄金线。谨慎的投资者可以在其跌破D柱对应价柱的最低价时出货，而大胆的投资者看到其第二天缩量一倍的下跌，完全没有必要出场，因为"缩量一倍"可能在进行"休克试验"，也是主庄依托D柱的打压吸筹。

请看E柱：是根倍量柱兼高量柱，其后三日先是两个缩量小阴，没有跌破E柱的最低价，第三日异军突起，可见E柱又是一根黄金柱，我们可以再画一条黄金线。依托E柱的黄金线，我们可以自由地高抛低吸，做足E柱后面的两个波段后，迎接F柱主升段的到来。

最有价值的是"E柱黄金线"，以它后三日对应价柱的最低点画线，左侧刚好突破了①②③④这4个峰顶，右侧刚好支撑着⑤⑥这2个谷底，主力的分寸掌握得非常准确。如果把E柱看做一个"支点"，把"E柱黄金线"看作一根"杠杆"，你看看其左右两边的"力道"，左侧的4个峰顶完全可以再撑起4个谷底，而其时轻轻巧巧地就撑起了2个谷底，还有足够的撑力撑起半边天。在这个位置的拉升必然非常轻巧，必然空间巨大。而这个位置最好的启动点就是F柱，它一旦启动就突破了左峰的最后一个阻力位，然后连续飙升七天，在G柱碰到获利盘的抛压形成高量柱，经四日调整又再度飙升。我们是4月13日（见该图最右侧的量柱）盘前预报这只股票的，当天即冲击涨停，收盘涨9.65%。接下来该股又连拉了两个涨停！

第四节　黄金线的升幅预测

第一种算法："级别升幅计算"

从第一级到第三级的涨幅一般是1.382倍。请看图15-3（维维股份截至2009年4月13日的走势图）：

A线（2008年11月10日）最低价3.43元×1.382=4.74元，实际上C线（即C柱所在的2008年12月8日）的最高价是4.92元！

C线（2008年12月8日）最低价4.47元×1.382=6.17元，实际上E线（即E柱后三日2009年2月11日）的最高价是6.37元！

注意：

"以线测线"一般计算的是"区间价位"；

"以柱测柱"一般计算的是"目标价位"。

详见下面的算法。

第二种算法："目标价位计算"

以黄金柱所在价位×2=目标价位。请看图15–3（维维股份截至2009年4月13日的走势图）：

E柱最高价5.76元×2=11.52元（为第一目标价）

F柱最高价6.65元×2=13.30元（为第二目标价）

【2009年5月5日验证】该股2009年5月5日最高价为13.63元，比预算高出0.33元。

就是这么精准！

可见，主庄苦心经营的黄金线就是他的生命线！

他的拉升和打压，都是借助黄金线的撑力进行的。

第16章

黄金梯：涨势与涨幅的温度计

看到图15-3维维股份的涨势，不少人会惊叹，我为什么就找不到这样的黑马呢！其实，只要掌握了股市温度计，你就可以随时发现和驾驭这样的黑马。要想抓住这样的黑马，不是一天两天的工夫，也不是一天两天的观察就能奏效的，而是要全面观察，长期追踪，从该股的整体走势来预测它的明天。

我们为什么在9元之前没有预报维维股份，在9元以上却敢预报维维股份，就是因为我们从它的整体走势上看出了它的未来涨势与未来涨幅。其中，由"黄金柱"和"黄金线"搭建起来的"黄金梯"，就是我们跟踪黑马、驾驭黑马的重要依据和途径。

第一节　黄金梯的基本特征

所谓黄金梯，就是依托黄金柱的支撑，踏着黄金线的节律，一级一级上台阶，一步一步攀高峰。请看图16-1英科医疗（300677）2020年2月12日留影：

图16-1的英科医疗，是王子2020年春节选股练习8组24股之一，图中的F柱是春节前最后一个交易日（2020年1月23日），当天收阴柱，缩量三一精准回踩左峰。选股思路如下：

1.以倍量柱画线，形成A、B、C、D、E五级金阶，步步登高，基础扎实，每次下跌都未破左侧倍量柱实顶，是个强庄，主力意在高远；

2.至F柱连续三日下跌，有序有度、缩量三一，说明主力控盘到位，隐忍有度，其虚底精准回踩左峰，再次证明他是个强庄；

3.F1柱精准上探2号战略线后回撤，第五级金阶处应该大跌而小跌，虚底精准回踩左峰，主力控盘很好，有企稳上攻迹象；

故列入春节选股重点。节后2月3日大盘大跌260点，该股G柱长腿踩线逆市涨

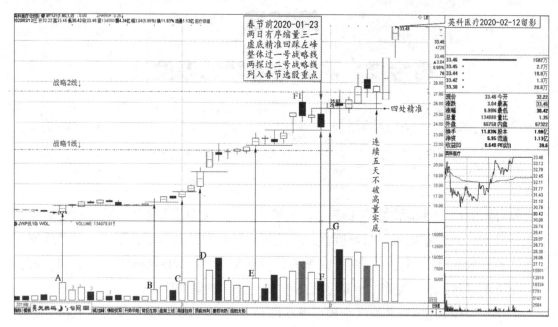

图16-1

停，此后第三日过2号战略线，第四、第五日缩量双剑霸天地，且第五日缩量长腿精准回踩G柱高量实底，主力已进入第六级拉升段，故第六、第七日（2月12日周三）二连板。2月12日再次留影，并在公众号"盘前预报123"预报"该股能否成龙"。

【验证】至2月28日周五，大盘大跌111点，该股却二连板，进入主升。

总之，量学看盘选股，就是选股票后面的那个主力，就是看当前的一柱一线，看一柱一线上主力的足迹和意图。就这么简单。

从图16-1可以看到，好的"黄金梯"必须具有如下三个特征：

第一，它至少要有三根黄金柱做支撑。低于三根黄金柱的个股，很难做好黄金梯。黄金柱越多，黄金梯越好。英科医疗的走势中，最重要的就是ABC三个黄金柱，它们都是小倍阳，但稳稳地向上，一级一级慢慢过左峰。这最初的三级台阶，越扎实越利于后面的攀升。量学称之为"前紧后松、前稳后攻"。王子在2020年春节后发布"卧底黄金柱涨停趋势"持续了九个交易日，就是从前面的二至三级台阶开始预测的。

第二，它的黄金线必须保证不被有效击穿。也就是说，收盘价低于黄金线的价柱不能连续三天以上。英科医疗从A到E的五条黄金线从未被跌穿，第五级黄金梯上应该打劫，但是直到F柱也未能跌破E柱的虚顶，这天是2020年1月23日即春节前的最后一个交易日，可见前面五级黄金梯相当稳固，所以我在春节选股练习中将它入选。

第三，每道黄金线的左侧，最好要得到左侧峰顶的支撑。形成一级高一级的明显台阶，其台阶的间隔以逐步加大为好。英科医疗的A、B、C三级比较平稳，D、E、F逐渐加高，其左侧都有峰顶线支撑，所以从F柱后有三个涨停板。最后这两个连板，是医疗股纷纷跌停板时出现的。王子2020春节期间选了8组股票，每组3只总共24只股票，至2月28日统计，总共获得70个涨停板，显然得益于黄金梯的功劳。

需要注意的是：黄金梯可以借助其他将军柱的力量，形成合力，一旦运用得当，你会发现一重天地一重景象。只要是得到黄金梯支撑的个股，都会一步一个台阶地向上运行，带领你领略"无限风光在险峰"的精彩。

第二节　黄金梯的基本画法

初学者最好按照图16-1所示的方法画线，一旦熟练之后，仅用水平线就能看清黄金梯的级别和势头。

第一步，找到各阶段的王牌柱，用红箭头给它们做上标记，一般情况下是倍量柱、高量柱、平量柱、梯量柱。下面的案例全用倍量柱画梯。

第二步，以王牌柱的实顶或实底画线。根据主力在王牌柱后三日的回踩足迹，依据"先顶后底、先实后虚"的原则，顺势画出"黄金线"。

第三步，给王牌柱的黄金线画一条竖线，形成一个"┌"形标记，尤如步步台阶，初学者对其他股票也可这样练习（参照图16-2的样子）。

现在我们来看看图16-2，这是我们2009年4月13日盘前预报的浪潮软件（600756）的走势图。

第一步，我们以"倍量柱"为标准，共标出A～G7根王牌柱，其中只有C柱是将军柱，其余全部都是黄金柱；因为要给新读者示范倍量柱画线，所以取了G柱，若按黄金柱的取柱标准，G柱可前移一日。

第二步，我们以倍量柱的实底画水平线，即画出了7条黄金底线，从左至右顺序来看，这7条黄金线一级一级抬高，一幅黄金阶梯就展现在我们眼前了。

第三步，我们在这7根王牌柱的下方画一条竖线，黄金梯的感觉就更明显

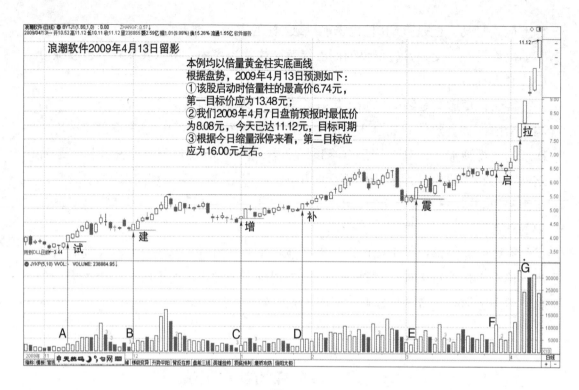

图16-2

了。仔细体味这7个阶梯，很有意思，几乎包含了主力或庄家操盘做市的全过程，"试探→建仓→增仓→补仓→震仓→启动→拉升"应有尽有。请看图16-2，就可以体会其中滋味。

什么滋味？只要第三级、第五级台阶不破，我们就可以分别在第三、第五级台阶放心介入。王子盘前预报的所有股票，第一次预报几乎都是在第三级，第二次预报都是在第五级。这里有个奥秘，这7级台阶就是7个音符，用音符来表示就是"1234567"，用音乐的眼光来看，就是"哆来咪发唆拉西"。

量学对于黄金梯的股票有一个口诀，很有意思：

1、2、3：哆来咪，盯住你！

3、4、5：咪发唆，可做多！

4、5、6：发唆拉，就要拉！

5、6、7：唆拉西，准备踢……

原来，咱们量学的牛股会唱歌！哈哈！

用量学看盘炒股，就是和唱歌一样开心。

120

根据黄金梯的这个原理，凡是会唱歌的股，就是牛股！

根据黄金梯的级次，2009年4月13日预测如下：

（1）该股启动时倍量柱的最高价6.74元，第一目标价应为13.48元；

（2）我们2009年4月7日盘前预报时最低价为8.08元，今已11.12元，目标可期；

（3）根据4月13日缩量涨停来看，第二目标位应为16.00元左右。

根据该股最后一根量柱的表现，价涨量缩，次日必有涨停，2009年4月13日我们将该图发到"www.178448.com 股海明灯网站"上供大家验证。

量学追求"实打实"的功夫，追求经得起实践检验的案例。即使次日不涨停，过几天也有涨停，因为主力已明显控盘，拉升轻盈从容。依据量学黄金梯的盘前预报，还没有过失误的先例。

【2009年4月20日验证】该股于4月7日预报以来，当天涨停，此后连拉6个涨停，按照其涨幅规律计算：4月7日最高价为8.93元×2=17.86元，该股4月20日最高摸到17.88元（见图16-2）。精准无误！

第三节　黄金梯的升幅预测

不同的梯形就有不同的涨幅。主要的梯形有如下三种：

（1）前紧后松型：从图16-2的图示，读者可能已经看到一个奥秘：浪潮软件的7个阶梯，前密后疏，前紧后松，阶梯间隔逐步加大，这样的结构叫作"递增阶梯"。这表示主力在前面的炒作中基础打得扎实，筹码准备充分，往后的拉升将令人瞠目结舌。如果我们能提前发现这样的牛股，跟着做几个来回，那是多么惬意呀！

（2）前松后紧型：这样的梯形与"前紧后松"相反，是"递减阶梯"，主力往往在前期猛打猛冲，到后期捉襟见肘，其结果必然也是相反。这样的例子很多，为了节省篇幅，我们不一一举例，希望读者在日后的实践中，结合自己手中的个股看看，凡是"前松后紧型"的梯形结构，其涨幅一定落后于大盘，一不小心就要扎头。这样的个股，理应及时换掉。

（3）前后紊乱型：有些个股的梯级没有规范，没有章法，松松垮垮，七扯八拉，这是主力没有实力，没有谋划的结果，也有可能正处于新老主力的更替之中，或者是主力已经撤离，仍由散户去打乱仗，东一榔头西一棒子，我们跟着这样的主力，迟早要倒大霉。这样的例子就不举了，说出来有失主力的体面，惹一些不必要的麻烦。

　　根据"梯形结构"，我们就能预见到该股的发展趋势。看梯形就好比看庄稼，初期就有好苗子，后期定有好收成。

　　请看图16-3长力股份（600507，现为方大特钢）2009年6月8日留影，体会一下黄金梯的深度奥秘。

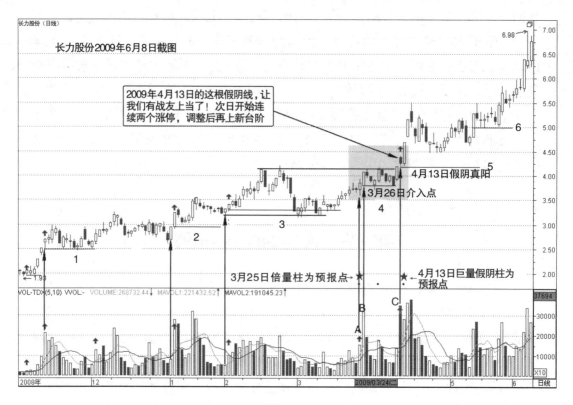

图16-3

　　图16-3是我们2009年3月25日预报，3月26日介入的长力股份（600507），图中有7个重要量柱，从左至右形成7级阶梯，明显是前紧后松状态。

　　请看图16-3中第4级台阶，九天兵临城下，九处精彩连连。A、B两柱都是倍量柱，我们于2009年3月26日（B点）介入，此后连续三日调整，但第三日价柱实底精准回踩B柱实底，量柱却连续两天缩量三一，等于缩量二一，明显是假跌，可见这是一个非常狡猾的踩脚的狡庄（1、3、4级金阶都是踩脚），最近这三天的下跌又是踩脚。

　　第四天，价涨量增，冲过了倍量柱的最高价，形成第二根"倍量柱"，可第

五、第六两天又重演第二、第三天的洗盘，而量柱却逐步缩小，第七天小涨了一下，第八天再次巨阴洗盘，可量柱比前面的都小，看看，这就是狡庄，比狐狸还狡猾，比豺狼要凶残；

第九天，该股小倍阳跳空涨停过左峰！这是重要的启动信号！

但是，更狡猾的是第十天，主力向上跳空高开6个点，涨到8个点时回调，收集了大量筹码却画了一根非常恐怖的巨阴柱（见C柱，假阴真阳）！我们有个战友经不住这样"巨阴巨量"的折腾，在当天（4月13日）尾市临收盘时忍不住抛掉了该股。

可是次日（2009年4月14日），该股却缩量涨停！

仔细分析一下C柱，第十天的这根巨阴巨量柱，原来是高开低走的假阴柱，最低价依然收在前一日涨停板实顶上方，其实质是巨量假阴真阳。

多么残酷的十天！多么精彩的十天！多么阴险的假阴！兵临城下，欲攻却退，在即将拉升的前夜玩出这么绝妙的"阴招"，我们不得不佩服，不得不赞叹这样高明的庄家！

经过这十天的折腾，该股成功突破左峰，占领了战略高地。我看该股后市必然大涨无疑！特于4月14日当天将该股公布于"www.178448.com 股海明灯网站"上，再次供大家验证。

【2009年7月31日验证】长力股份自4月14日讲座点评以来，从当时的4.20元一直涨到10.44元，其中收获4个涨停板。累计涨幅达到4.20元×2=8.40元的第一目标（实际高出0.09元），并向更高处挺进。

第17章
黄金仓：跌幅与升幅的温度计

第一节　黄金仓的基本概念

从前面的讲述可知，2009年4月14日我在讲座中点评的长力股份（见图16-3），在次日大盘急挫近40点的时候又逆市涨停了。凡是跟踪"www.178448.com股海明灯网站"验证该股的网友，当时都有很深的感触。不仅14日的预测完全兑现，此前点评的浪潮软件和维维股份也继续涨停。这又引发了网友们经常说的一句话："王子是庄家吗？怎么在大盘下跌的时候，他说谁涨停谁就涨停呢？"如果我是庄家，像这样的天天涨停那还了得？

事实说明，无论大势如何变化，受黄金柱支撑的牛股，是不会受大势影响的。因为有主力和庄家的重仓介入，有真金和白银的大量投入，计划中的拉升时段如果再不拉升，亏起来可不是散户的那么一点资金，而是成千上万的散户也凑不起来的天文数字。所以，要想真正看准黑马，必须看懂庄家的"黄金仓"。

什么是"黄金仓"？

图17-1是我们于2009年4月15日盘中预报的巢东股份（600318）的截图，预报时价位为7.50元，当时涨幅为1.45%，一个半小时后逆市涨停，收盘价8.09元。当时我们预测该股不久将冲击10.76的价位。为什么，请看我们对照图17-1的分析。图中有A～H共8根重要量柱，其中：

（1）先看量柱：A、C、E、G、H是倍量柱，而B、D、E、F是高量柱，按照黄金柱的三要素，该股有A、B、D、E、F、H六根黄金柱的支撑，你说它该不该牛？

（2）再看台阶：该股有7级台阶，满足建立"黄金仓"的基本要求。其中的C高量柱是全局最高量柱，也就是主力的战略堡垒，E柱突破C柱的动作，等于是战略主攻。

（3）再看打压：在这7级台阶中，哪几个台阶折腾得最凶？显然是第2、第4

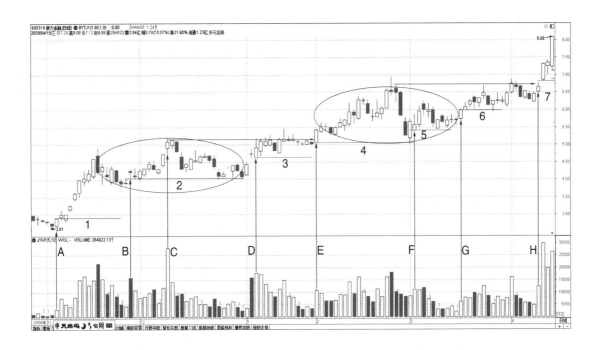

图17-1

和第5台阶，你看看，在第2台阶上，从C柱开始，共有13根价柱在折腾，其中有7根中长阴柱，没有黄金眼的朋友很可能经受不住这样的折腾而交出筹码，然而一到B柱黄金线的位置，立马拉升，形成A仓；而在第4台阶的末端，有连续4根阴柱2根跌停的凶狠洗盘，跌幅高达20%！第5台阶是可以与第4台阶合并的，它和第4台阶合并为一个典型的"金字塔"形态，而这金字塔里面就是主力的"黄金仓"！我们称之为B仓；A仓的顶，刚好是B仓的底。不是精心策划不可能这么精准！可见此庄非同一般。

　　由上例可知，黄金仓就是主力打压吸筹的基本仓位和拉升基地。黄金仓一般藏在打压最惨烈（常常连续大阴），起伏最悚人（升降出人意外），防守最严密（不破黄金线），成交最密集（成交量堆明显放大）的那个台阶深处。换句话说，凡是打压最惨烈的地方，就是黄金仓的藏身之处。这是我们的独家发明，请大家切勿外传哟（哈哈）。

第二节　黄金仓的三个要素

　　第一，有效位置的选择。黄金仓不是什么位置都能建立的，必须在黄金梯的有效位置即3~5级单数台阶上，因为第一级台阶一般为试探，第二级台阶一般为洗盘建仓，第三级为震仓增仓，在增仓的位置建立黄金仓符合震仓建仓的需要。但是，黄金仓的建立也不一定完全在三级，主力会根据市场的发展，灵活决定。关键还要看下面的两个条件。

第二，有效支点的选择。有黄金仓的个股，一定要有"有效支点"作支撑，这个支点必须由左侧的峰顶与右侧的黄金柱共同形成，左侧峰顶作支点至少要有一个，若有两个以上更好（参见前面维维股份的图15-3），没有"峰顶柱"支撑的个股是没法建立黄金仓的。

第三，有效杠杆的选择。这个杠杆就是黄金柱与其平行的左侧峰顶柱共同支撑的黄金线，如图17-1，E柱的黄金柱是一个支点，E柱左侧有3个峰顶支撑，其中还有C柱这个战略堡垒支撑，这样的"杠杆"形成"左支右撑"，E黄金线就成了打不垮压不弯的最低防线。最低防线作为仓的底部，这个底部是绝对不容击穿的阶段性大底。

有了以上三个要素，主力就能放心大胆地为所欲为。请看图17-2荣晟环保（603165）2017年6月2日周五留影：

自从我们2007年提出黄金仓的概念之后，得到股评人士的广泛采用，但是他们在使用中将黄金仓和黄金劫混为一谈，造成了许多不必要的误解和误读。其实，黄金劫和黄金仓是相辅相成的，从本质上看，黄金劫是手段，黄金仓是结

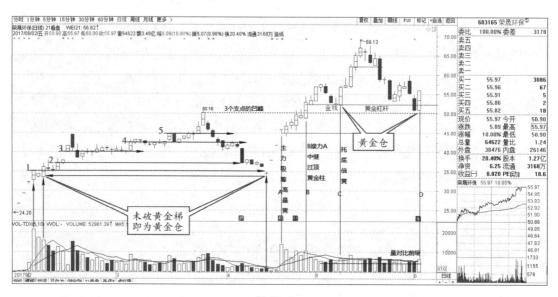

图17-2

果。简单地讲，就是以黄金劫的手段，实现了建立黄金仓的目的。

下面将有专章（第18章）讲解"黄金劫"，以帮助大家加深理解和使用。

第三节 黄金仓的基本功能

请看图17-1中的两个椭圆形，左边的这个是A仓，右边的这个是B仓，这两个仓底的黄金线，就是主力的攻防线，为什么呢？

第一，低价抢夺筹码。该股从2008年1月17日的16.18元一路下跌到2008年11月4日的2.61元，一路套了多少散户？一路套了多少主力？所以，当2008年11月5日A柱新主力介入时，稍稍一拉升就有抛盘，主力以倍量柱的方式结束了试探；第二天拉升，又是一根倍量柱，主力却以十字星的方式结束了战斗；第三天低开，许多人夺路而逃，主力捡到了不少便宜货，10天内从2.61元拉到了4.90元，接近翻番，这哪里是拉升，完全是在抢货。

第二，震松上方阻力。主力不是解放军，也不是救世主，更不会与套牢者等价交换筹码，他手中有了这10天抢来的筹码，就能制造恐慌，把4.90元上方套牢的筹码震荡下来，再把4.90元下方介入的筹码挤兑出去，这样一震一挤，就震松了上方的阻力，开辟了拉升的空间。

第三，测试拉升空间。按照黄金分割法的原理，仅以0.382的系数计算，主力在4.90元的价位上就能把6.77元左右的筹码震荡下来，震荡的时间越长，上方掉下来的筹码就越多，让给主力的空间就越大。所以，黄金仓里装的都是别人血淋淋的割肉盘，也就是许多人把6.77元左右的股票以4.90元左右的价格卖给了主力或庄家。当主力再次拉升时，这4.90元的股票至少变成了6.77元。

就因为要达到以上三个目的，所以，黄金仓所处的台阶往往"打压最惨烈（常常连续大阴），起伏最悚人（升降出人意外），防守最严密（不破黄金线），成交最密集（右侧成交量堆明显放大）"。

请看图17-3金科文化（300459）2019年11月19日留影：

黄金仓往往在黄金台阶的第3、第5级进行（见图17-3中方框所示），条件是第3或第5级台阶的涨幅很大（见图17-3中的C柱、E柱），主力为了甩掉跟风盘，就要打劫。图17-3中的第3、第5级金阶都有20%左右的涨幅了，所以应该打劫。打劫的地方往往严重缩量，用"卖在买先规律"来看，主力在这里的打压很少出货，主要是打价保筹，一旦打压到关键位置即左侧黄金梯的支撑处（见图17-3中

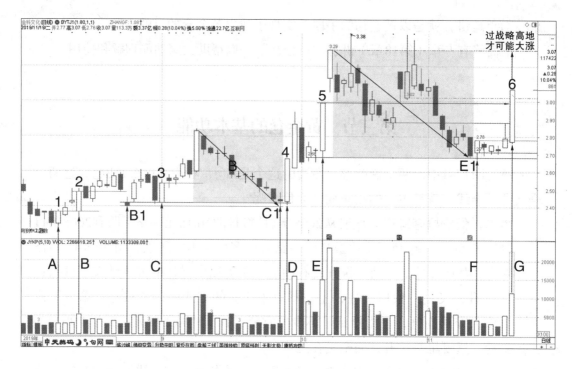

图17-3

的C1跌至B1元帅柱实底、E1跌至E柱黄金柱虚底），他就突然拉升，将跟风者远远抛在身后。

第四节　黄金仓的测幅方法

正因为有上述原因，黄金仓的底线（黄金线）就成了主力攻防拉压的生命线，再请看该图17-1中的A仓和B仓，分别代表着主力第一目标和第二目标的底线，无论怎么打压，一旦触及该底线，主力就不惜以倍量柱的方式来夺回空间，收复失地。

你看，主力其实也很难呀。想拉升吧，怕为散户抬轿；想打压吧，又怕打穿了自己的底线。所以，王子送给大家一句金言："凡是牛市中的打压，就是建仓的机会；凡是熊市中的拉升，就是出货的良机；凡是逼近黄金线的打压，就是介入的机会；凡是远离黄金线的拉升，就是出货的良机。"

怎样才能远离呢？科学就是精准。炒股不能凭感觉，而必须靠数学来计算。我们认为，依据黄金仓的底线预测升幅有三个级别：

第一级，对付弱主庄，即没有标准黄金柱支撑的黄金仓，应该以黄金仓底线的价位乘以1.382。

第二级，对付强主庄，即具有一根黄金柱支撑的黄金仓，应该以黄金仓底线的价位乘以1.618。

第三级，对付牛主庄，即具有几根黄金柱支撑的黄金仓，应该以黄金仓底线的价位乘以2.00。

上例的巢东股份（请再看图17-1）A仓的底线价位是4.00元，因为该股有几根黄金柱的支撑，所以应该取2倍值，其第一目标价是8.00元。该股于4月15日（截图日）当天启动时，我们就是看到可能冲击第一目标，于是在盘中推荐了该股，推荐时的价位是7.50元，涨幅为1.45%，一个半小时后封死涨停板，刚好达到了我们预算的第一目标位，收于8.09元。

根据该股4月15日逆市涨停的气势和量柱，我们认定它不久将冲击第二目标位，即B仓的底线价位5.38元乘以2，应该到达10.76元。上面的预测，当时也发到了"www.178448.com 股海明灯网站"上，请股民验证能否达到这一价位。

【2009年7月3日验证】这是没有达到我们预测目标的一只股票。今日验证，其4月22日最高价位仅达到8.96元，离10.76元还有1.80元的差距。为什么有这么大的差距？我们发现，这个主力在第二黄金仓之后的拉升中，体会到7.32元上方的抛压沉重，连续三天的成交量超过前期最高平均量能，于是他来了个高位锁仓战略，在高位进行了"第三黄金仓"建仓战役，4月15日的最低价（7.12元）肯定是"第三黄金仓"的底部，因为5月25日和6月30日的最低价都在4月15日的最低价反身向上，目前建仓基本完成，有望择机拉升。其目标位已提升到14.24元左右。广大股民可以再度验证。

与该股同时验证的还有我们于2009年4月15日盘中点评的粤传媒（002181）。读者可以自己把粤传媒的走势图调出来，按照我们传授的方法试试，这两只股票的走势非常相似，力度也非常相似，但愿这两匹黑马并驾齐驱，登上理想的高峰。

【附记】刚才看到"www.178448.com 股海明灯网站"上"普璞"网友2009年4月15日的咨询如下：

楼主普璞：请教王子，盘中王子提示：巢东股份已现黄金柱；粤传媒已呈黄金柱，一字之差前者涨停，后者碰上涨停后却下来了，粤传媒其量柱比前一天大了一倍，比巢东股份的红柱都长，为什么就不能封涨停呢？

　　王子回复：你的观察非常认真！的确如你所说，"一字之差"，必有奥秘。这个奥秘就在量柱上，量柱大，说明抛盘大，主力只能"被动吸筹"，所以不能涨停；而量柱小，说明抛盘小，主力是"主动吸筹"，就能涨停！其中奥秘已被你悟出了一部分，这些奥秘将原原本本在《量柱擒涨停》一书中详细讲解。因为有人全盘盗用我们网站的讲座内容，我不得不从现在开始，暂时封闭讲座的内容，请大家谅解！

第18章

黄金劫：智慧与谋略的温度计

第一节　黄金劫的基本原理

"打劫"是一个围棋术语，任何棋手都会通过"打劫"的手法来吃掉对方的棋子，只是有的人"打劫"一次只能吃掉对方一颗棋子，有的人却可以吃掉对方许多棋子，这就是功夫。

"打劫"的功夫被用到股市上，就形成了"股市打劫"，这往往是庄家智慧和谋略的展示。会打劫的庄家，可以在打劫途中把对手的筹码悉数揽入自己的囊中；而不会打劫的庄家，有时可能把自己也打进去，劳命伤财，得不偿失。

什么是打劫？说穿了，就是先做笼子，然后请君入瓮。我们来看一个案例，见图18-1，我们先不管它是什么股票：

图中有A、B两个搏杀区，主力在A柱和B柱区间的狂拉狂跌，就是在"打劫"，只是这里的打劫比较特别，一般的主力不会这么严酷罢了。

先看A柱：A柱后三日价涨量缩，是典型的黄金柱。按照黄金线的取点原则，应该以A柱实底画一道水平线。第四日大跌，刚好在此水平线上止跌，说明这是一条非常有效的黄金线。此后该股震荡上行，突然在C处连续四个跌停板，无量下坠，向下击穿了A柱黄金线，A黄金柱牺牲。但是，第五日在D柱跌停开盘，一路上行，10日后从E点再度四个大跌，直到B柱。两次狂跌，两次都是高达50%的跌幅，恐乎哉不恐也？

再看B柱：B柱及其次日柱形成低位平量柱，价升量缩，第三日反身向上，形成了低位黄金柱，按照第三日最低点画平行线，此后6日均未跌穿此线。说明这里又是一道重要的黄金线。B柱后9日横盘，第10日开始拉升，连拉四个涨停板，重返A柱黄金线上方，直达F点，一口气制造了高达60%的涨幅。乐乎哉不乐也？

由此可见，"打劫"有三个特点：

第一，打劫一定要有稳固的"行为中枢"。这就是以"黄金线"为轴心，上

图18-1

下任意运行，即使打穿第一黄金线，也有第二黄金线支撑。当初我们没有看到左侧B1处的黄金柱，感觉从C跌到D不可思议，后来缩图一看，原来B柱的左侧还有一个黄金柱（B1），难怪打压这么凶狠，但无论怎么打劫，总是在关键点位（B柱）掉头向上。本例中的A柱和B柱上下呼应，层层递进，给人制造"地狱下面还有地狱"的感觉，打劫相当成功！

　　第二，打劫一定要有足够的"行为空间"。一般是先拉后打，拉是为了探索空间，打是为了挤压筹码；拉升得越高，打压得越低，这就是股市的辩证法。如果空间不够，一般是不会实施打劫的。上例中的空间，从A到C整整拉升了50%，所以才有50%的打压；从D到E整整拉升了45%，从E到B柱才有70%的打压，然后才有从B到F高达69%的拉升。

　　第三，打劫一定要有可靠的"行为约束"。也就是没有出现"大量出逃"的行为。你看图18-1中第一波打压时，股价跌了50%，而量柱却几乎没有动静；第二波打压时，股价跌了70%，而量柱也几乎是卧底不动形成百日低量群。这样才能判定庄家没有出逃，如果庄家出逃了，就不是打劫了。

这个主力是一位"打劫高手"，在如此小的时空区间（从2007年4月13日至8月2日共计3个多月）做出三波如此大幅的打压和拉升，实乃具备超级智慧和过人谋略。这个主力就是哈高科（600095）的主力。图18-1取自该股2007年4月至8月。如果你继续观察该股此后的走势，你会发现，这个主力就是靠"打劫"来"营生"的。

下面，将有它紧挨这轮打劫的更为精彩的打劫案例。

第二节 黄金劫的劫后新生

打劫就是"做坑"。要想对付黄金劫，首先要弄懂打劫这个技巧的本质，要明白一个观点：任何股票的涨跌都是主力诱导散户跟风所造成的。

读者们请想想，我们散户有没有能力去拉升一只股票？没有！除非某个散户好玩，高填某个价位，瞎猫碰到了死耗子；若再想想，我们散户会不会主动去打压自己手中的股票？也不会！除非讨债的逼上门来急等用钱，仓促兑现。如果主力拉升了，散户没有跟进，主力就只有再制造点什么由头诱导散户跟进，否则，他将搬起石头砸自己的脚；如果主力打压了，没有散户抛售，主力也只有想方设法造点什么由头诱导散户抛售，否则，庄家将会赔了夫人又折兵。

那么，一只股票的拉升或者打压，很明显都是主力的行为（排除大势不好的因素）。如果我们转换一下思维，放大一下眼光来看，有的小主力也应该只是一个"散户"，只不过他们比我们的投资多一点罢了，但他们比起那些大主力，又是"小巫见大巫"了。所以说，咱们散户也好，主力也罢，大家都是"小巫大巫"，大家都会赚钱赔钱，因为，大家都是花了成本的。我们不能保证每个主力的成本就比散户低。正因为如此，判断主力的成本区域就是非常重要的了。只有摸准了主力的成本区间，我们才能从容自如，不怕任何诱导。

如何判断主力的成本区间？黄金线是一个很好的标尺。大家知道，不同的阶段有不同的黄金线，如果股票在黄金线上方连续大跌，或者突然跌破黄金线，我们就要注意了，这里可能就是依托黄金线的一场"黄金劫"。

我们的"凹口淘金"战术，就是针对黄金劫的撒手锏。众所周知，淘金者去淘金，不是在山顶上，也不是在山腰间，他们都是往山沟里钻，往谷凹里找，因为金子往往沉淀在坑凹低陷处。炒股也一样。请看我们2008年2月4日预报的哈高科（600095）吧（见图18-2）：

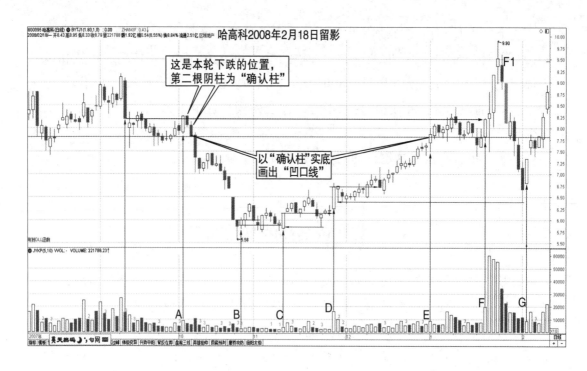

图18-2

　　哈高科的走势非常典型，它的下跌应该从2007年10月9日A柱次日开始，10月11日确认（量学确认的下跌走势，是从跌破其左侧最有代表性的那根倍量柱算起的），直到B黄金柱刹车，然后横盘9日整理，至C黄金柱换挡，再到D将军柱加油，连续拉升22日，直到E柱，中间形成了一个巨大的"凹坑"。我们称之为"银谷"，因为这里装满了大家的银子，戏称为"装银子的仓库"。

　　仔细看看这个"银谷"，里面基本上没有成交量，可见筹码很少交换，而主力却接二连三地打压，这是主力借大势不好在此"诱空吸筹"，直到D柱，实在吸不到低价筹码了，主力才开始了拉升，一直拉到E柱，这里是"诱多吸筹"。

　　主力在这一"打"一"拉"之间，慢慢积攒了一定的筹码，大家想想，这一打一拉需要多少成本呢？其成本线就在凹口附近，就在主力开始打压的地方，我们称之为"凹口平衡线"。主力若想赚到钱，必然要把股价拉升到凹口的上方，一旦拉升，前期的获利盘、解套盘将蜂拥而至，所以主力必须再次打压，以减轻成本增加筹码，这就是凹口右侧成交量大增的原因。

　　请注意：从F柱开始的连续4日拉升和F1柱开始的6天缩量凶狠打压，在股价突破凹口后的这一轮打压非常重要，它是为了以低成本消化前期解套盘和获利盘而制造的下跌，所以它不会有太大的凹陷，往往这里的"凹陷"比前面的"银谷"要小，但它是主力真正拉升之前的"下蹲动作"，主力赚钱全靠这个凹口。利用这个凹口，主力一方面麻痹他人视线，一方面掩护自身的真实意图，一方面收集上方筹码，可谓一箭三雕，所以我们把这个较小的"凹口"称为"金坑"。只要有"金坑"的个股，十有八九会迅速拉升，但是一般人难以察觉这个奥秘。

F1开始的6天打压是极阴，G柱是极阴次阳缩量涨停盖全阴，这是非常强烈的拉升信号，我们就是在哈高科即将形成"金坑"的这一天（2008年2月4日G柱）发布预报，它果然不负重望，连续6天上涨，其中有一个涨停板，从6.80元涨到9.50元，6天累计涨幅高达39.70%！这在熊市中是多么难能可贵哇！

第三节　黄金劫的凹口淘金

是不是所有的凹口都能淘到金子呢？不是！这与大自然蕴藏的金矿一样，并非每道河沟坑凹都有金矿，只有那些蕴藏了金矿的坑凹沟坎里才能淘到金子。这就要求我们要有一双发现金矿的眼睛。

请看图18-3和仁科技（300550）2017年10月10日留影。

图18-3

大家知道，自2017年10月10日中国股市又开始了一波大调整，软件板块更是持续低迷，可是我们于9月29日预报的和仁科技却独领风骚，国庆节后连涨两个板（第二板涨停回落），这是为什么呢？同样，这也是"银谷"与"金坑"相结合的产物。图中A1、B1、C1、D1四柱下跌，A、B、C、D四柱上涨。

先看A1柱，跌破其左侧的红柱实底，但量柱却是缩量二一，长阴短柱，缩量假跌；

再看B1柱，也是缩量二一假跌，其后下跌无量，然后稍有抬升；

再看C1柱，又是缩量三一假跌，阴价柱很大，量柱却很小，明显是长阴短柱假跌；

再看D1柱，长长的价柱跌停板，而量柱却不高，又是长阴短柱假跌，其后七日横盘直憋，憋出了两根百日低量柱，形成了百日低量群，这就是下跌到位的重要标志。

也就是说，从A1柱到D1柱，一路下跌都是假跌，其跌幅接近40%，深度"假跌"就是"打劫"，其后必有真涨。

请看A柱，在百日低量群后突然拉起一根红色倍量柱，量性为将军柱，功能是"刹车"；其后横盘13天未破A柱实底，再拉一根倍量柱B，量性为黄金柱，功能是"换挡"；横盘七日后又拉一根倍量柱C，量性为黄金柱，功能是"加油"；C柱后的最低价柱实底也没有跌破D1柱实顶，很好地完成了顶底互换，于是，D柱缩量盖全阴，展开了一段凌厉上攻。

显然，从A1柱开始，到D柱之间，做了一个"大劫"，其间几乎没有什么成交量，可见散户不肯交出筹码，主力吸货稳健。

再看，从C1柱开始，到E柱之间，又是一个"深谷"，我们称之为"银谷"，因为这里的成交量一直很浅，但主力的功夫却很深。

E柱跳空向上涨停，冲出了C1柱的"凹口平衡线"；

E柱次日（E1）冲击涨停回落，差点收复A1柱次日的"凹口平衡线"；

最精彩的就是：E1柱后面连续缩量下跌6天，其中有三次缩量三一，至F柱突然爆发涨停！从E1柱到F柱之间这个小凹，就是"金坑"！

具体说来，"凹口淘金"有以下几个法则：

第一，凹口要突然凹陷。你看和仁科技的凹口，A1柱突然跌破前日阳实底，但是缩量二一，属于异动股；再看哈高科A柱的凹陷，也是突然凹陷，也是属于异动股。

第二，凹陷首日要凶狠。也就是要能体现出主力的"故意"，你看上面这两只股票的下跌，一只比一只厉害，跌得你慌不择路地出逃，跌得你乖乖地交出筹码，这就是主力的功夫。

第三，凹底有百日低量。以上两只股票的凹陷部分，成交量很少，量柱多次缩量三一二一，甚至缩为百日低量柱或百日低量群。也就是说持股者不愿卖，持币者不敢买，可想而知，敢买的就是"始作俑者"的主力。

第四，凹底右侧有高量。其中有的甚至是巨量或者是天量，例如和仁科技在谷底拉升的时候，连续两天放出巨量；而哈高科在"金坑"右侧却是连续三天放出天量！

第五，凹口线上有中到大阳！你看哈高科在三个"金坑"的右侧分别有一根大阳柱；和仁科技在"银谷"右侧用一根长阳突破"凹口平衡线"，而在其后这个"金坑"的右侧又有一根大阳柱拉升。并且这些大阳柱的拉升非常突然，几乎让人来不及发现它就上去了。这样的放量价柱，就是主力为了摆脱有人坐轿而故意为之。

第六，"银谷"要大，"金坑"要小，而且"金坑"的底部一定要高于"银谷"，否则"金坑"将演变成"银谷"，甚至蜕变成一轮比一轮低的"粪坑"，那是千万碰不得的呀。

如何处理这个问题呢？详见本书"高级实战技法"中《凹口淘金，十拿九稳》的有关内容。为了节省正文的篇幅，我们把相关"凹口淘金的实战密码"和其他技术密码收集在本书的高级实战技巧里，供大家互相参悟研讨。

（实盘验证处："www.178448.com股海明灯论坛"）

第19章

黄金道：节律与节奏的温度计

第一节　三维通道的三大发明

中文的"道"字造得绝顶精彩、绝顶聪明、绝顶智慧。"道"的原始含义指道路、途径、坦途，以后逐渐发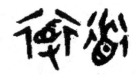展为道理、方法、规律。最早的"道"字不见于甲骨文，但见于金文，其形象是用手托着首（脑袋）或直接将脑袋藏在衣服中行走（见右图），意思就是，即使用衣服把头蒙起来，也能到达目的地的方法和路径。

这就是说："道"是一种自然而然的"路径"，依"道"而行，可以"蒙头而至"，也就是可以"闭着眼睛"达到目的，这就是"规律"，就是"法则"，就是"自然而然"地达到目的。后来简化成"首"和"走"的"道"字，"首"就是"脑袋"，"走"就是"行为"。"脑袋"和"行为"的关系，被一个"道"字阐述得淋漓尽致。用现在的话说，"脑袋"就是"知"，"走之"就是"行"，"知行合一"才是"道"，是我们走向成功的规律。

正因为"道"字如此了得，所以，当官的有"为官之道"，从商的有"经商之道"，炒股的自然有"炒股之道"。我们的"三维通道"，就是一种"蒙头而至目的"的炒股通道，俗称"黄金道"。

请看图19-1上证指数（000001）走势2009年7月10日截取的"四九通道"。

该图是上证走势的"四九通道图"。这个通道包含着我们的三大发明。我们从下往上看，图中有下、中、上三条同方向的斜线，组成了一幅"上升通道"，它有如下神秘之处：

（1）下面的一条斜线即"地线"，它从2008年12月31日的最低点A点开始，五次抗住了大盘的下跌，为我们提供了三次准确的触底预报，点数准确到个位。

（2）上面的一条斜线即"天线"，它从C点（2009年2月16日的最高点）开始，八次抗住了大盘的上升，为我们提供了六次精准的触顶预报，点数准确到个位。

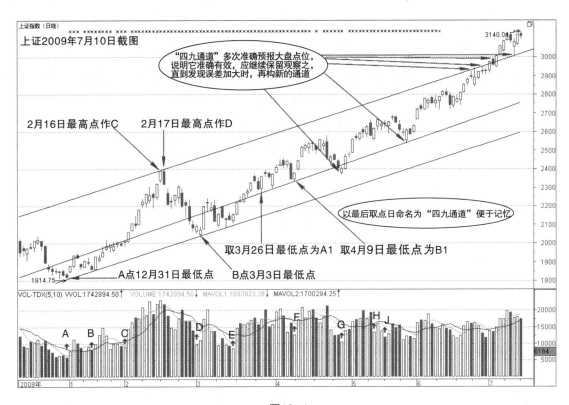

图 19-1

（3）中间的一条斜线即"人线"，它从B1点（2009年4月9日的最低点）开始，四次抗住了大盘下跌，为我们提供了三次精准到个位的预报。

上述内容，导出了我们的三大发明：

第一个发明：以天线、地线、人线来组织通道。天线用于观顶，地线用于察底，人线用于识人气。

这三道线是怎么得来的呢？

首先，我们于2009年3月3日以两个当时的"最低量柱所在日"，即2008年12月31日的最低点（A点）和2009年3月3日的最低点（B点）连线，画出了地线。

然后，我们选择了当时的"最高量柱所在日"，即2009年2月16日的最高点（C点）画了一条与地线平行的天线。这两条平行线就形成了一个上升通道，因为当时定线的最后日子为3月3日，所以称之为"三三通道"。

第二个发明：以日子为"通道"命名。它既可以记录当时的画线日子，又可以帮助我们对趋势的发展变化作出评价，更重要的是，以这个日子为基点，可以保证一万个人画出的通道都是一样的。

因为天线与地线之间的空间很大，不利于对市况做出精确的量化分析，所以我们发明了处于天地之间的人线，这是我们的第三大发明。人线是人气的标志，是主导市况发展变化的根本力量，怎样来确定人线的位置呢？这既不能以所谓的黄金分割法来选点，也不能以传统"价学"的"价柱的最高点或最低点"来画线，更不能凭主观臆断来画线，只能从市场的实际状况来选点。

第三个发明：人线的命名和选点法则：这就是在天线与地线之间，选取与地线趋向基本一致的三个"最低量柱对应点"连线。我们经过长达一个月的观察，终于在2009年4月9日发现了趋向基本一致的三个最低点，即：3月26日的最低点（A1点）、4月9日的最低点（B1点），二者连线，刚好与二者之间的3月31日最低点切合。三点连线，人线生成，四九通道自然形成。

事实说明，人线是三维通道的中坚，是支配和影响其他两线的原动力。细心的读者可能已经发现，这条人线的角度比地线稍稍向上倾斜，它显示人气是逐步向上的，越到后来，上行力量越大，这就是我们盘前预报越来越有底气的原因之所在。

就是这么简单。就是这么神奇。三维通道现身，趋势自然而成，趋势的节律和节奏便像温度计一样展现在我们眼前，我们可以放心大胆地在此通道内正确地买进卖出。

由此可见，量学关于"三维通道"的画法，与"传统价学"的根本区别是：量学是以"量"为根的画线，价学是以"价"为点的画线；量学的理论基础是"量变引起质变"，而价学没有任何理论基础，只是根据价柱的最高点或最低点画线，连真假虚实都不管，所以行股高手渐渐放弃了传统画线方法，慢慢来到量学的康庄大道。

"三维通道"大盘可以用，个股更好用。二者当然有点区别，因为大盘有共性，变化不大，很好预测；个股有个性，变化多端，较难预测。下面讲讲个股"三维通道"的画法。

第二节　三维通道的正确画法

上面讲述了大盘"通道线"的神奇，那么个股的通道线如何取点和定位呢？这个问题问得非常好！现在，我将结合盘面讲讲通道线的画法，或更准确地说，讲讲通道线的正确画法。

通道线看起来非常简单实用，但是要画好它，画准它，却不那么容易。因为

"失之毫厘，谬以千里"，不准确的或不正确的通道线甚至会"误人子弟"。怎样画才是正确的呢？

第一步，地线的取点和定位。地线是最实在的和最基础的，所以A点和B点的选择是基础之基础，这里如果错了，其他的一切都会错。对于"上升通道"，首先要选中A点，即"最低量柱"对应的那个价柱的最低点；然后选择B点，即A点右上方最近的那个最低点；最后用线条将A、B两个点连接起来，这条线就是我们要画的"上升通道的地线"。下面请看图19-2，它是东方宾馆（000524）2008年3月12日的走势图。

如图19-2所示，以下跌结束后极阴次阳左侧最大的长阴短柱虚底A和距A最近的虚底B连线，就是该股上升趋势的地线。光有上升趋势线还不能形成通道，还不能准确判断其上升空间，所以必须以AB线为基础，画一条与之平行的天线。天线画在什么位置呢？请看第二步。

第二步，天线的取点和定位。天线的定位，关键在于C点的选择。C点是平行线的核心，它关系到通道的质量和效果，选高了没有判断价值，选低了不能赢得利润，那我们选在什么位置最好呢？

告诉大家一个诀窍：C点应该选在离A点最近的那个"最高量柱"对应的价

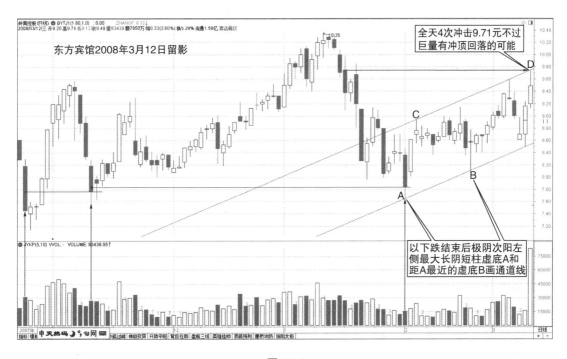

图19-2

柱上方。例如在图19-2中，东方宾馆的C点就是2008年2月5日的这个最高点。这时，我们用看盘软件自带的平行线画线功能，沿C点拉出一条与地线平行的天线，你就可以惊奇地发现，这条线刚好与2008年1月23日的红价柱的最高点，和2008年3月6日的红价柱的最高点吻合。

注意了：平行线应该至少与三个重要的高点吻合，吻合的价柱越多，其判断的准确性就越高。这时，我们的走势图上就有通道了，就能应用这个通道来判断走势了。

请看图中最右侧的那根价柱D，它是2008年3月12日的价柱。说来非常巧，3月12日上午网友"仙子"曾问我这只股票的走势，当时我就顺手画了这个通道，并告诉她，东方宾馆今天最高只能涨到9.71元，然后回落调整。

下面是我们的操盘对话：

仙子 11:01:22　王子老师，我的东方宾馆今天将有什么表现？

大山 11:07:36　你的东方宾馆今天可能在9.71附近遇到阻力，若能冲过去就好！

仙子 11:09:52　您是怎么看出来的呀？

大山 11:10:56　用画线法，画个通道就能看到了。

仙子 11:12:56　啊！我看出来了，股价在上升通道里。

大山 11:13:57　其上升通道比较平缓，可以用时间换空间达到新高。但也可能在通道的上轨遇到阻力而下跌。另外一方面，从现在的成交量来看，主买多七千手，有希望攻破压力，你要注意观察，逢高可出货。

仙子 11:14:25　哦，谢谢！

大山 11:15:41　目前主买多20%，要是多30%，突破上轨就无悬念了！

仙子 13:36:57　东方宾馆老是停在9.71元，您判断得好准呀！给你一个大拇哥。

大山 13:37:06　哈哈！一分钱都不差！

第三步，人线的取点和定位。人线是通道的灵魂。因为行情在不断变化，我们要因势利导，顺势而为，人线就能提前告知趋势的发展方向。

人线的取点和定位，我们在本章第一节里已有详细介绍，这里不再赘述。有一点提请大家注意：人线务必遵循盘面的"最低量柱"画线，其连线至少要经过三个趋势点才能定位。

人线要顺应盘势的发展变化来命名通道，我们在第一节中介绍的四九通道就是以4月9日这个当时的取点和定位的日子来命名的，只要趋势不发生重大变化，这个人线就要成为我们研判趋势的核心。因为它比天线和地线更加灵敏。

"三线定乾坤，通道显神奇。"你可以到"www.178448.com股海明灯论坛"上去搜索一下，从2009年4月9日开始，"四九通道"在盘前预报中出现了20次，每次都精确到个位，几乎毫无差错。

有了通道，应该如何操作呢？下面讲讲通道的操作策略。

第三节　三维通道的操盘策略

"通道"有三种，一种是"上升通道"，一种是"下降通道"，还有一种是"双重通道"。它们的操作策略如下：

一、"上升通道"的操作

图19-3是兴化股份（002109）2007年10月30日至2008年3月7日的走势图，我们在2008年2月19日的讲座中专门评点了这只股票，读者可以对照当时的走势图看看它的上升通道。

A点，是下跌尽头极阴次阳前日长腿大阴虚底，其刚好回踩A1黄金柱实顶线，这是一个重要穴位；B点刚好是左侧长阴短柱假跌的实顶，也是一个关键穴位，将A与B这两个关键穴位连线，即是该股上升通道的地线；然后，以AB间最高量柱对应价柱的实顶C点为准，对应AB连线可以画出CD平行线，这就是兴化股份上升通道的天线。

在图中读者可以清楚地看到，该股的股价一直在这个上升通道中运行，那么我们的进出标准非常简单直观，只要股价回踩地线附近就可以买进，只要股价触及上升通道的天线，我们就可以卖出。

而且，随着时间窗口的推移，其股价也在变化，在上升，所以，我们的这个计划是动态的，也是规范的，更是直观的。凡是买了这只股票的股民，早已被它涨得提心吊胆了，好几个朋友问我什么时候该卖，我说，画出通道了，你应该知道何时卖出吧。

有朋友说，如果我在D点卖出了，它又涨上去了，我这不是亏了吗？我说，你这朋友哇，老是要犯我们多次批评过的"贪病"，你何必为了这几角钱去"心

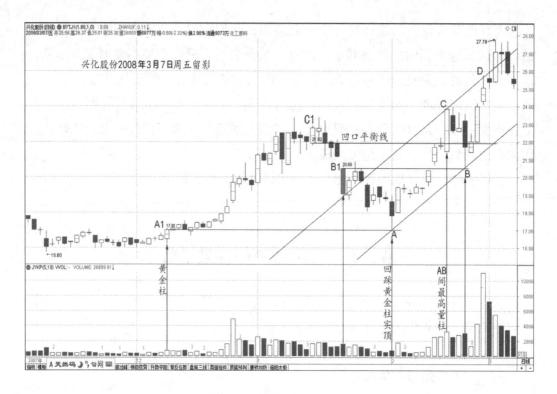

图19-3

"慌"呢？如果你在D点卖出去了，还会有机会买回来的。

所以，我们的通道买卖方法是治疗"慌病"的，我不能保证你卖到最高价，但可以保证你卖得"值"！

二、"下降通道"的操作

图19-4是万科A（000002）2007年9月28日至2008年3月7日的走势图，该股由2007年11月1日达到40.78元后便一路下跌，到2008年3月5日下探到20.78元，其间有几波反弹，但都被一种无形的力量打压下来了，这种"无形的力量"就是下降通道，它像一个神秘的时间隧道，让万科跌跌不休。

关于A、B、C的取点画线。以下降途中最大的两个大阴实顶A和B连线，然后取AB间最大的大阴实底C画出两道平行线，刚好切合D点。

AB线即下降通道的上轨天线，CD线即下降通道的下轨地线，不管我们在任何时点买入，都受到这个通道的制约，都必须严格遵守"上轨卖出下轨买进的原则"，否则，也将继续被套。

有人要问了：如果我在最低点F点买入呢？答曰：即使在F点买入，也应该计

图19-4

划在上触天线时卖出！因为"通道的神秘力量"一定会在下降通道的上轨让股价折回来再冲上去。所以，除非在AB连线附近有一根中到大阳冲过天线，你一定要计划在此卖出。我是在2008年3月7日做出上述判断和答复的，并让人们观察万科的走势并验证我的判断。

三、"双重通道"的操作

图19-5运盛实业（600767）2008年3月7日的走势图。这是一个具有双重通道的个股。

取最高位阴柱实顶AB连线，是下降通道；取最低位阴柱大阴实底CD连线，取CD间最高量柱对应的价柱虚顶E，与CD线画平行线，即上升通道。

当时该股在上升通道内运行，我们在2008年2月26日预报后，该股一路上扬，走势凌厉，但是，每次都在上升通道的"天线"受阻回落，如果我们按计划行事，应该在F点出货。因为F点精准抵达B点平衡线即回落，即将回到AB线的下降通道，即使股价能冲过AB下降通道，由于其从CD上升通道已大幅飙升，必然有回调的内在需要，所以应该在F点逢高出货。

图19-5

有经验的读者可能看到这最后一根价柱的下方成交量异常放大，若预计次日有中到大阳线突破下降通道的天线，那就可以再看看；否则，可以逢高出货。这就是根据实际状况，做出新的快速决断。鉴于最后这根价柱的单针探顶和下方成交量的异常放大，可以持股观察，如果次日回到AB升通道的下方，我们就要出货了。

老子曰："道可道，非常道。""独立而不改，周行而不殆。"

王子曰："道者，律也。循律而为，无不可为。"

我国最早谈"道"的经典《简易道德经》曰："简，道之根。易，经之本。道，事物之行径。经，事物之步法。无简之道则曲，无易之经则荒。简生道，道法于自然，失道无恒，循道而长。"

用我们今天的话来说："简明"是"规律"的根源，"易用"是"经典"的根本。"规律"是事物发展变化的"路径"，"经典"是事物发展变化的"步法"，不简明的所谓"规律"是对事物的曲解，不易用的所谓"经典"将使人荒废。"简明"生长于"规律"，"规律"效法于"自然"，没有规律的事物就不能生存，遵循规律的行为就长期有效。

三线定乾坤，周行而不殆。让我们沿着这条简明易行的"黄金通道"，去创造金色的明天吧。

（实盘验证处："www.178448.com股海明灯论坛"）

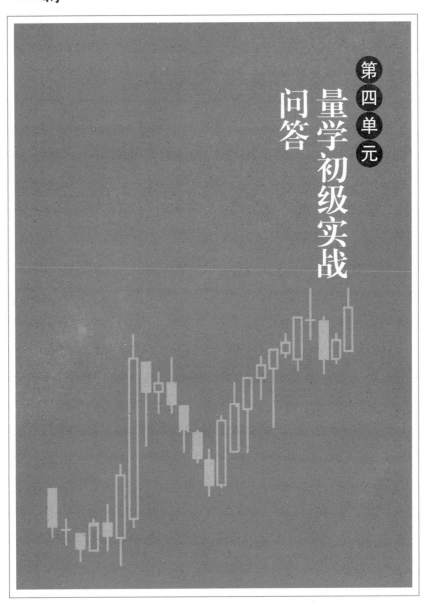

第四单元

量学初级实战
问答

第20章

伏击涨停的最佳时机

学员"bjtulay"2009年5月17日发给王子的邮件：

尊敬的王子老师：你好！

上"股海明灯"网站已有一段时间了，由于去年的大跌，暂别了股市。时隔一年，偶然又上"股海明灯"时，发现王子老师居然无私勤勉的盘前预报坚持了整整两年，陪伴大家度过又一次大熊市，十分的佩服，同时又重新燃起了我对于入市的信心。

自从王子公布了《股市天经（之一）量柱擒涨停》的部分内容以来，我彻底被老师的深厚学问和精妙理论所折服。在看了黄金柱的理论后，我发现黄金柱的组合有很多种，对于有2000多只股票的中国股市来说，筛选股票不是轻松的事情，而且有些组合比较难以辨认。但是其中的"倍量柱+缩量柱"的形态就比较好辨认，而且准确度也比较高。

这个周四我也观察到了老师提到的信达地产（600657）出现了两个缩量柱，并且其对应的股价是逐步抬高的，整个趋势相当的漂亮。所以在出现第三个缩量柱时果断进入，次日果然涨停（见图20-1）。

这是我第一次利用王子老师的理论，一实践就获得了成功，十分感谢老师。现在信达地产由于涨停又出现了一根倍量柱，我会跟踪看看会不会给与第二次黄金柱介入的机会。

王子点评：你的悟性很好！只看了第二章就能领悟"价升量缩"的真谛，且介入时机恰到好处，真是难能可贵。但是要注意：黄金柱的形成并非一劳永逸，它有真假之分，如果是在水平线上出现两个黄金柱，前者多数是假黄金柱，后者才是真黄金柱。同样，如果一个黄金柱被其后面的走势所吞食，这个黄金柱就牺牲了。在真黄金柱介入可以享受飙升的乐趣，在假黄金柱介入要随时准备参与打

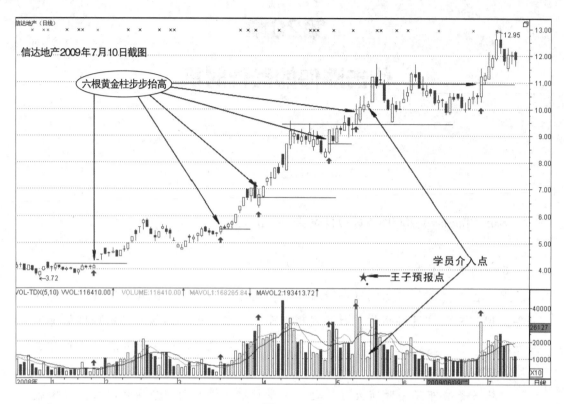

图20-1

劫。你所介入的位置，是在第五级台阶上，很可能要出现打劫，最好是先出来玩玩，在主力把股价打到第四台阶时，再择良机介入。

学员bjtulay：另外我发现海通证券（600837）现在出现了倍量柱后的第二根缩量柱，我注意到这个第二根缩量柱虽然是阴柱的，但由于是高开导致的，并且全天呈现资金净流入，所以我判断是根"假阴柱"。不知道对否？且看周一是否可以形成黄金柱。我会多多学习实践，期盼拜读老师更多的理论。

王子点评：你对海通证券的分析很有见地，特别是对"假阴柱"的判断非常正确。但是，由于你没有掌握"真假黄金柱"的判断方法，误把假黄金柱当成真黄金柱来对待了。假黄金柱将会面临真调整。另外，你没有掌握黄金柱后"三日量柱形态"的技巧，从海通证券的走势图可以发现，B柱后面是"阳阴阴"结

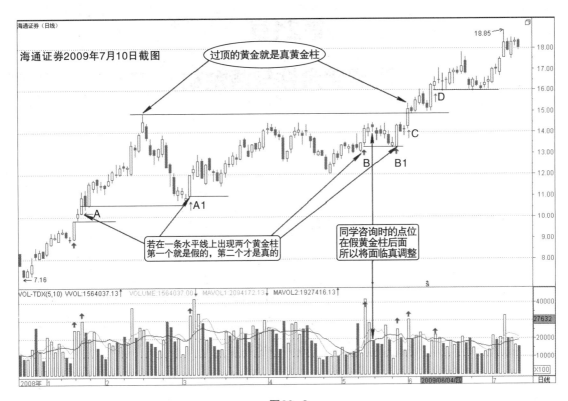

图20-2

构，面临调整的概率更大。所以，我们常说"阳阴阴，找黄金，踩稳金线可买阴"。

根据王牌柱三日定性原则，最后一日量柱的性质非常重要。所以我们可以重点看第三日。"最后阴，别分心；该跌不跌就是金。"所以，该股介入的最佳时机，应该选择在B1的位置。这里是"阳阴阴，找黄金，踩稳金线可以进。"这个位置也是"缩量一倍+增量一倍"，倍量伸缩，可以做多（见图20-2）。仅供参考哦。

第21章

真假黄金柱与黄金劫

学员lbcpa于2009年5月17日的邮件：

王子老师：您好！

我是您的一位忠实的读者了，从去年7月份开始我就天天看您的"股海明灯"，一直不明白您为什么能发现那么多的牛股，直到您在论坛帖出您的文章《股市温度计——量柱理论》以后，我才恍然大悟。

最近我也仔细学习了老师在论坛上发表的几篇文章，有两个问题想向老师请教一下：

第一个问题是黄金柱。按照老师的说法，黄金柱一般都是倍量柱，但是我至今无法分辨黄金柱的优劣，比如说漳州发展（000753）从4月30日开始出现3天价升量缩的走势，特别是5月5日那天缩量涨停，5月6日那天应该算做黄金柱了，但是随后开始调整了，还是我看错了真实的黄金柱应该是4月30那天呢？

王子曰：请先看看漳州发展的截图（见图21-1）。黄金柱不一定都是倍量柱，我们曾讲过黄金柱有好几种表现形式，倍量柱、高量柱、梯量柱、平量柱、缩量柱都有形成黄金柱的可能，至于其优劣，就是我们在"黄金柱"专章里讲授的重点。现在可以透露一点，缩量柱的质量将决定黄金柱的优劣。

例如三个价升量缩的缩量柱，如果价柱步步高、步步大、步步阳的，一定好；如果价柱夹杂着阴柱，或者价柱的实体步步小，那就一定要面临调整。这就是说：黄金柱也有真假优劣之分。

一般而言，若在同一水平线上出现两个黄金柱，前者一般是假的，后者才是真的；在同一波段内，不过左侧峰顶的一般是假的，突破左侧峰顶的，才是真的。假黄金柱并非不重要，它依然可以充当将军柱的角色和责任。

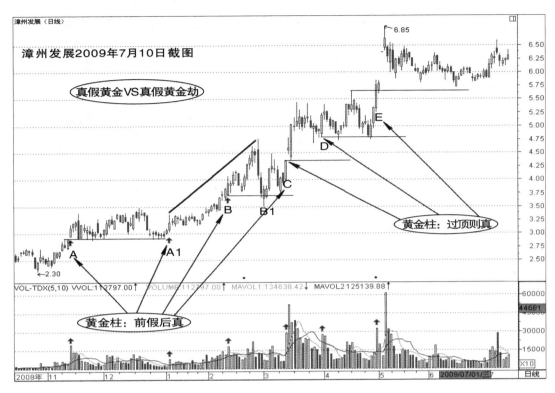

图21-1

学员lbcpa：我的第二个问题是同样都是黄金劫，为什么有的股票在黄金劫后能马上出现新高，而有的股票却一直无法突破前期的高点。比如维维股份、长力股份，按老师书上说的维维股份和长力股份的黄金劫应该是出现在4月16日，然而这两只股票就一直无法突破前期的高点。而银河股份的黄金劫应该是出现在5月11日，银河股份在调整一天后第二天就出现了新高，是不是黄金劫也有真假优劣之分呢？

王子曰：黄金劫是主力的一种境界，就如我们下围棋，同样是打劫，有的人打劫一次只能吃掉一颗棋子，有的人打劫一次却能吃掉一片棋子，这就是高手与菜鸟的区别。你提出的"真假之分"非常正确。我们在《股市天经（之一）量柱擒涨停》中对"黄金劫"将有专门介绍，到时候你就明白了。从漳州发展的截图中你也可以发现，假黄金柱后是真打劫，真黄金柱后是假打劫。

学员lbcpa：最后我又根据老师的文章选出了一只股票安徽合力。出现3天的价涨量缩，还是凹口，如果最近两天出现长阳应该算是黄金柱了，不知道我的看法对不对，请老师指正。

王子曰：安徽合力不是3天价涨量缩。5月13日是倍量柱，也是目前阶段的高量柱，5月14日、5月15日连续两天价升量缩，有形成黄金柱的趋势，也可能形不成。

第22章

真假突破的研判标准

学员2046110110于2009年5月22日18:13来信:

尊敬的王子老师：您好!

这是我第三次写信谈体会。首先请老师要注意好身体，保存实力，才能更好的为大家做贡献!对于您的量柱理论，在经过一段时间的验证和领悟后，我逐渐对股市有了一定的认识和理解。当然，这和老师的辛勤指点和答疑辅导授课是分不开的。但是弟子悟性不高，进步缓慢，还请老师包涵。

下面就根据自身所悟与老师探讨一下中电广通这只股票（见图22-1）。

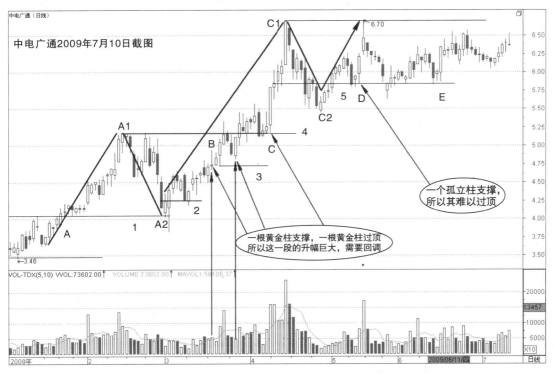

图22-1

王子注：该股是5月14日（D柱）盘前预报的，日前是百低+倍量柱建构，按照经典手法，应该是再来一个倍量柱，冲过其左侧的峰顶（C1），形成"过顶倍量柱"，那就好了。预报当天，该股上冲涨幅曾达7.80%，大有涨停的趋势，但是受大势影响回落，收盘依然涨了4.03%，当日最高点6.70元与左侧C1峰顶线精准重合，摸顶而落，可见主力有"悚顶之嫌"，顺势躲过抛压，再图冲顶之举，所以今天（5月15日即D柱次日）缩量收阴，而且是"缩量一倍"，也就是说主力放任自流依然涨了4个点。根据"凹口淘金的原则"，该股很可能要冲顶了，这个位置必有一根中到大阳，也就是涨停在望了，否则还要回调休整。这里要结合量学的辩证思维来看盘：该涨不涨看跌，该跌不跌看涨。也就是说，按照正常规律看涨而不涨的，就用反常规律来做。

学员2046110110：根据老师在5月15日验证和16日的学员答疑，我感觉老师的分析鞭辟入理，字字珠玑，主庄的悚顶意图在老师法眼下洞若观火。值得深究的是：老师根据凹口淘金的原则，提示该股即将冲顶，其必要条件是要有一根中到大阳。我静观了随后几天的走势，每况愈下。这说明主庄不仅带有悚顶意图，而且信心也大受挫折。根据老师讲的庄家拉升如果没有8成以上的把握是不会轻易动手的。所以我认为，这里庄家在暗暗下劲，调整支撑位或者是黄金线，为日后雄起做准备。

王子曰：你是一个非常认真的学员，我喜欢你这样的孜孜不倦的学习态度，只有持之以恒，才能卓有成效。你跟踪的这只股票有其特殊研究价值，你所看出的"为日后雄起做准备"与我同感，但你还需要注意几个意外情况，详见下面的分析。

学员2046110110：在这里，我认为支撑位应该是5月18日。

王子曰：可能是你的笔误吧，实际是5月13日吧？

学员2046110110：第一个倍量柱（即5月13日D柱）的最低价5.85元。今日（5月22日周五）停盘，但是昨天（5月21日）的收盘价正好5.86元，没有跌破。主庄已经调整完毕，所以说下周一（25日）的拉升机会很大。但首要条件还是老师说的要有一根中到大阳才可以。好的，我的体会先向老师汇报到这里。请老师一定给我批评指正！

王子曰：你的观察和分析完全正确！特别是关于其"最低价5.86元"的观察非常到位，按照通常的惯例，该股下周一应该有所表现，5.86元也是非常好的介入点位。但是请注意如下几个要点（参见图22-1）：

第一，"该涨不涨"与"该跌不跌"的辩证处理。详见前面的讲解。一定要注意，按正常规律预判的走势没有出现时，就要按反常规律的走势操盘。这是量学独有的辩证处理机制，传统技术眼光不可能看到这一点，我们也不要强求所有人能看懂。

第二，"U口"与"V口"的进出标准。该股5月13日（D柱）的倍量柱不是"U口倍量"，而是"V口倍量"。"U口倍量"的调整呈U字形，其调整和吸筹的时间比V口长一点，所以其反攻倒算的力度就要大一点，说到底，U形反攻比V形反攻要扎实可靠得多。从另一方面讲，从"V底"介入的，最好在"V口"受阻即出；而从"U底"介入的，可能在"U口"上方出来。

第三，画好一条线，上下两重天。该股5月13日（D柱）前一天的量柱是本轮调整的阶段性低量柱，而5月15日开始连续4天的调整也没有低于该低量柱，且这4根低量柱不是逐步缩量，有偷鸡摸狗之嫌疑。所以，其反攻的日子有可能延后。研判真假反攻的标准，就是看凹口平衡线，敢于过凹峰的，就是真反，否则就是假反。这就是"画好一条线，上下两重天"。

第四，打劫不破级，企稳必上去。从该股今年反攻以来的走势看，其波形紊乱，梯级零乱，两头松中间紧，显得阵脚不稳，有两头急攻，腰部乏力的感觉，所以上攻的力度不会强劲。关于这种走势，在我即将出版的《股市天经（之一）量柱擒涨停》一书"黄金梯"一章有详细讲解。本例是在第五级金阶打劫，打劫不破第四级金阶（A1峰顶线），才有可能继续上攻。

以上四点，是真假突破的研判标准，仅供参考。

你的跟踪记录非常好，可以帮助大家尝到"观察提前、预测在先、动手择机"的甜头。我们学习量学理论，就是要理论联系实际，要以科学发展观的眼光来看势做事，就是要量化股市，简化技术，把技术分析从"神坛"请到"民间"，把"空话套话"变成"实话实说"。

祝你——好好学习，天天向上！

第23章
量学操盘的进退标准

学员nnmxdh于2009年5月23日晚间来信：

王子老师：你好！

你的每一篇文章我都认真拜读，学习领会，收获不少。

我运用你的"梯量柱+倍量柱=黄金柱"的原理，观察粤传媒（002181），在5月12日（A柱）至14日连续三天梯量柱，而且是低量柱。（王子批注：准确地讲，从A柱开始的这几天应该是"低量柱+梯量柱+倍量柱"）5月15日（B柱）继续量增价涨，而且出现倍量柱，根据梯量柱+倍量柱=黄金柱的原理，我在尾盘时果断杀进，后面两天粤传媒继续量增价涨，涨幅达到13%，5月19日（B2柱）出现高量柱，我担心它第二天要调整（王子批注：准确地讲，这里应该要打劫，因为空间足够，你主动参与了主力的打劫，聪明！）所以在尾盘杀出。这几天粤传媒的走势也证明我的判断是正确的（见图23-1）。

王子曰：好样的！跟着标准走，人人是高手！要相信自己，只要符合量学标准的量柱，看准了，果断介入；调整时，果断退出，这才是炒股！千万不要指望老师临盘决策，时间不等人啊！详见图23-1粤传媒2009年7月10日的截图。

王子评述：nnmxdh同学的上述研判，完全合乎量学标准，其操作也非常准确。如图23-1所示，有几点值得大家注意。

第一点：极阴次阳过阴半。图中A柱极阴次阳，是近20天以来的最低量柱。低量柱往往蕴含强大的反击动力，A柱之后的两天几乎平量，蓄势的意图明显，第二平量柱是极阴次阳过阴半，尾盘是很好的介入点。nnmxdh同学在15日的B柱杀进，也是安全和正确的。因为B柱精准踩着B1峰顶线开盘，符合真假突破的研判标准。

第二点：预判打劫可出货。5月19日出现高量柱（B2），形成明显的梯量柱

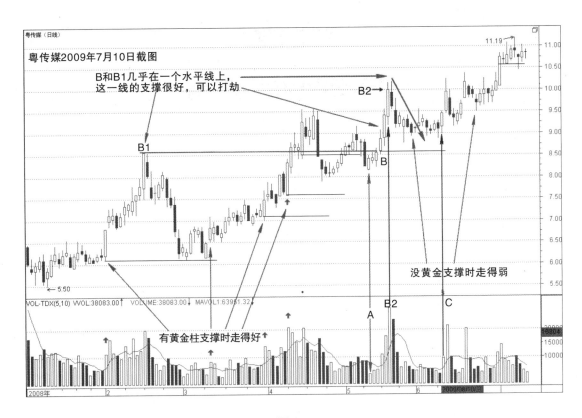

图23-1

倍量拉升，这里是自A柱以来的六连阳，量学认为七连阳属于极阳的范畴，这里的六连阳上升的力度太大，速度太急，主力可能在制造打劫空间，所以，我们在19日（B2）杀出是相当明智的选择。碰到你这样精明守标的散户，主力也无可奈何。

第三点：打劫到位的标准。打劫的底部在哪儿？就在B柱的开盘价一线，请看它的左侧有一个峰顶B1，二者几乎水平，两个关键点位如此惊人地重合，其实是主力的计划和谋略的体现。我们在19日（B2柱）的尾盘杀出后，如果在6月10日（C柱）倍阳柱杀入，那将再坐一趟轿子。因为，C柱明显是打劫之后，钟摆渐弱走平，企稳转升的节点。这个位置的"小倍阳"，是可以"大胆入"的。

综上所述，nnmxdh同学的"杀进"和"杀出"的标准捏拿得非常准确，要是大家都像他一样，按照量学标准看盘，踏着标准"杀进"，踏着标准"杀出"，再踏着标准"钻进轿子"，这个主力一定会大呼：这个同盟者真棒！

哈哈，量柱量柱，量出主力意图。

第24章

量学新手的常见毛病

学员nnmxdh于2009年5月23日（周六）提问：

王子老师，我发现海立股份（600619）5月8日是低量柱（B2柱），11日出现倍量柱，12日又是一根倍量柱，而且是高量柱（B3柱），照说"低量柱+两根倍量柱=黄金柱"才是，可是后面的走势却是下跌的走势，这点我搞不明白，希望能得到老师的指点。

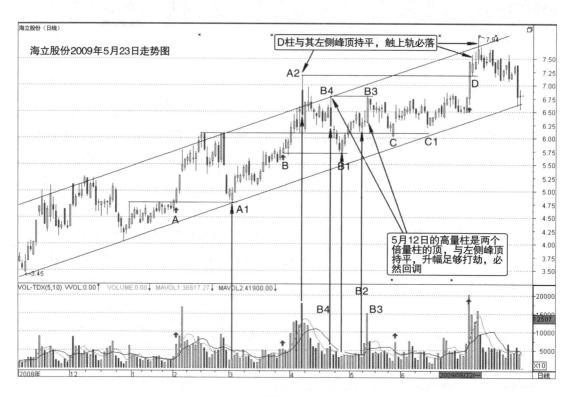

图24-1

王子评述：你举的这个例子太典型了！它代表了大多数读者以"主观认知"代替"量学标准"的通病，所以我说它非常典型。

第一，你犯了"主观定义"的错误。你认为"低量柱+两根倍量柱=黄金柱"，这是错误的。量学关于"黄金柱"的定义中，从来没有你说的这一条。在你的头脑中，认为连续倍量上攻的，有上升力度的就是黄金柱，显然，这是受传统观念的影响太深，认为连续上攻的"三个红小兵"就是最好的上攻形态。这恰恰与量学的观念截然相反。

量学黄金柱的定义是：基柱后三日的平均收盘价高于基柱实顶线，其对应的量柱符合"价升量缩"或"价升量平"。你看看，你的"主观认知"和"量学定义"相去甚远，大相径庭。这种"凭读者既定思维模式主观定义量学术语"的现象非常多，这是要不得的。因为，量学是一门崭新的学问，你若用传统的眼光或传统的思维模式来解释量学，必然南辕北辙，越错越远。

第二，你犯了"盯三忽四"的错误。你的"低量柱+两根倍量柱=黄金柱"的错误定义，放大了你的期望，你认为它要涨，实际上它却跌了，你就困惑了。但是，用量学的眼光来看，连续两根倍量柱的拉升，是张扬，尤其这个B3柱是梯量第三柱，根据量学关于梯量柱的后势研判，要遵循"盯三防四"原理，也就是盯住梯三是否张扬，一旦张扬了，梯四必然下跌。该股梯四果然下跌。

第三，你犯了"眼光狭窄"的错误。你的"低量柱+两根倍量柱=黄金柱"的错误认识，困住了你的眼光，使你没有看到第二个倍量柱B3的虚顶精准打到左侧B4的虚顶。这就告诉我们，主力感受到B4的阻力之后，立即回撤，那么梯四必然继续回撤。事实上，该股果然从梯四开始下跌，至C柱连跌8天。

关于"眼光狭窄"的问题，是许多读者常犯的老毛病，他们都只看当下，不看当下的位置，不看当下左侧关键的量柱和量线，所以，一旦遇到和自己想法不一致的走势，就没有办法应对。

遇到困惑不要紧，只要我们把视野放宽一点，判断就会准一点。下面从你说的高量柱B3开始，我们往左看：

其一，从B4到B1的下降，再从B1到B3的上升，是不是一个"V口"？是。那么，"V口"的操作标准是不是应该出货？是。非常简单嘛。

其二，从B1到B2，价升量平，这是比较典型的平量黄金柱，但是从B2开始的两根倍量柱一口气拉到B3，力量有逐步衰竭的可能，也制造了足够的打劫空间，它这是从B1处升上来的呀，连续10天拉升，拉升到与左侧峰顶B4平齐的位置，还不该调整吗？所以自B3开始就有了长达两个月的调整横盘。此后虽然有D柱的拉升过顶，但是离上升通道的上轨很近，必然要触顶回落。

其三，眼光再放宽一点来看，该股有如下三个阶段：

第一阶段：该股前期从A1起步，涨幅很大，形成前期第一高点A2，这是重要的战略高点。

第二阶段：从第一高点A2回调至B1后，再度上升，就是7个低位平量柱形成的价升量平的黄金柱。

第三阶段：至B2形成低量柱后再度拉升，采用了两个倍量柱，一口气拉升到B3，这是用力过度、力量衰竭的表现之一，最重要的是，B3的高量柱刚好与其左侧峰顶B4持平，这是最后一搏的先兆。

如果我们以为这里是"低量柱+两个倍量柱=黄金柱"的结构，就会上主力的当。这个平顶的压力非常强大，主力心中有数，所以必须以打劫的方式震荡调整，来消化这里的压力。

综上所述，我们看股选股，一定不要"坐井观天"，不能只看到这里有两根倍量柱，还要看到倍量柱左侧的峰顶，更要看到前期的涨幅，"以量定级"才能看到这里的升幅。

这就是："视野宽一点，判断准一点"的原因。

量柱不是孤立的，它是一系列量柱在此量柱的综合反映，也就是"量变引起质变"的过程。比如，这里的两根倍量柱显然是主力加速试探左峰压力的高招，采用了"能过即过，不过即落"的"游击战"策略。说穿了，这是毛泽东游击战术在股市上的精彩一笔，"打得赢就打，打不赢就跑"。

我们应该仔细体味这个主力的操盘手法，才能不被其假象迷惑，才能立于不败之地。

第25章
奇迹发生在低量柱吗

学员lxy6311330于2009年6月17日22:55来信：

王子老师：你好！

首先，和老师的学习使我更加坚信了"世上无难事，只怕有心人"这句谚语。老师的神奇是我们有目共睹的，也使我下定了决心：努力学习股市天经，靠自己的知识去挣钱。

我第一次是于5月4日买入两面针（600249），开始有些心急追高了，5月20日跌破4月28日的上沿，估计会向下沿跌去的，由于对低量柱没有把握，没想到就真的涨停了。

政府启动广西北部湾经济区开放开发，我一直以来在关注北海国发，结合刚学习的量柱知识，5月6日发现该股出现了倍量柱，十分激动，因为这是自己发现的第一只牛股。它当天收在涨停上沿的下方，就轻仓买入了一点，奇迹就这样发生了！5月7日，我永远记住了这一天，这是我用老师的方法擒住涨停的第一股，更加坚信了老师的股市天经。轻仓也就一直拿着了，5月25日我通过学习得知这是真的低量柱，老师的神奇又一次得到了见证。26日双倍量柱以后一直持有到现在，仓位轻，只是根据老师的知识实践实践。

我亲身经历了神奇的股市，神奇的股市天经。

王子点评：你的学习体会写得非常实在，没有浮华的语言，却有完整的过程。每天能够这样从"过程"中"找经验"，你将有长足的进步。下面谈谈我的看法。

先说两面针，你只要知道"追高了"，就是进步，对于"没想到""就真的涨停了"应该认真总结，要多问几个"为什么涨停了"，事后总结是为了事前判断，分析得多了，就能提高看盘选股能力。

其实，两面针6月16日涨停的前一天是30天以来的最低量柱，我们就是看到这个最低量柱后，于6月16日盘前预报的，次日它就涨停。其原因请看即将出版的《股市天经（之一）量柱擒涨停》一书关于"低量柱"的论述。

再说北海国发。

首先祝贺你靠自己的能力抓住了一个涨停，这是你自我提高的第一步，只要你相信自己，掌握了量学原理之后，你将抓住越来越多的涨停。不信，请你再仔细看一看北海国发的走势图（见图25-1），图中箭头所示的地方有两种低量柱值得深思：

第一种，低量柱次日即涨停。

第二种，低量柱隔日即涨停。

为什么有这两种区别？请结合低量柱的讲义分析分析。相信你一定可以找到其中的深层奥秘。

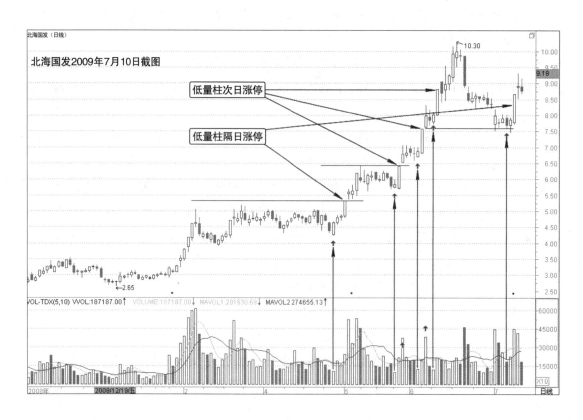

图25-1

第26章

大道至简，大悟至明，大势至尊

题记：2009年6月22日周一，大盘触上轨收了一个阴十字星，许多著名博客再次预言大盘将展开中级调整。我们根据这个阴十字星的"价升量缩"特征，于23日作出了"大盘将再创新高"的盘前预报，明确指出这里将"做出一波谁也想象不到的行情"……下面就是23日收盘后的现场小结。

周二（2009年6月23日）的大盘果然"做出一波谁也想象不到的行情"，果然"再创新高"，果然有盘前预报的沃尔核材（002130）涨停！有人问：在大盘触顶回落的关键时候，量学的盘前预报为什么这么准？连本人也感觉似有神助。特向西山大师讨教，大师曰："天有天象，地有地理，股有股性，把握准了，无不中的。王子你得其律不可弄其玄，测其数不可玩其奥，坦然面对精准二字，大道至简，预测无玄也。"

王子仔细体会了大师的教导，深刻反思了一下周二盘前预报的内容，又仔细翻阅了以量柱预测大盘的连续七个贴子，突然悟出了一个道理"大道至简"，请看周二盘前预报的全文：

周一的大盘超过我们预报的2920四九通道上轨仅3个点，2923距四九通道的切点还有10个点的空间，如果权重股继续保持强势，今天有上攻2933点的可能，但是，目前大多数人操盘谨慎，许多人在三天前即开始减持，主力很可能再次玩弄大家的感情，做出一波谁也想象不到的行情。原因很简单：

第一，半年线与年线金叉，是典型的牛市趋势。

第二，周一的高位阴十字星是高开低走的假阴柱。

第三，周一的假阴柱是缩量的。

综上所述，周二的走势很可能会再创新高。

【当日验证：果然周二走出了一波谁也想象不到的行情！见图26-1。】

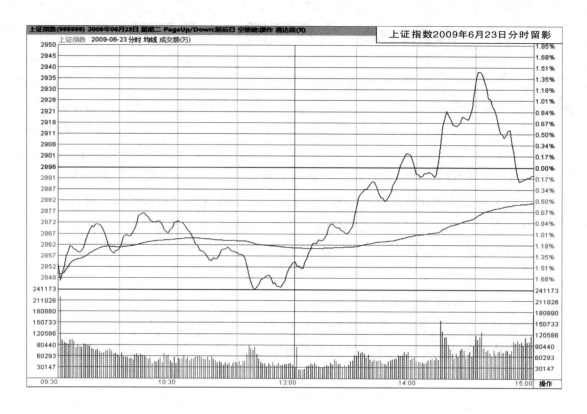

图26-1

以上关于周二盘前预报的全部内容，三句话三个要点，无不与量柱相关联。

大盘是在周边大跌影响下的大幅低开后逆市震荡上行的，由于假阴柱加缩量柱，股价走高而卖盘减少，人心向上，大势必上。其中的道理非常简单，没有任何玄妙。这就是大师"大道至简"的含义吧。

朋友们，不是王子预报得精准，是大道至简，我们切切不可被有些股评家的玄词和奥语搅昏了头脑。相信自己，就能驾驭股市。大道至简，人人可以得其律而不可弄其玄。越是把股市说得玄乎其玄者，越是在糊弄人。越是把盘面画得七零八落者，越是在兜售见不得人的东西。

王子出版"股市天经"的目的，就是要把"至简的大道"传授给天下被蒙晕的人们，让我们在学习中逐步成为"大悟至明"者吧。

周三（6月24日）的大势请参见周二的预报，当前应该轻大盘重个股，在大跌中抓住大涨的牛股才是真正的"大悟之人"，让我们朝这个目标前进吧！成功属于"大悟之人"！

【当日验证：上证指数以当日最高价收盘。见2009年6月24日上证指数分时图（图26-2）。】

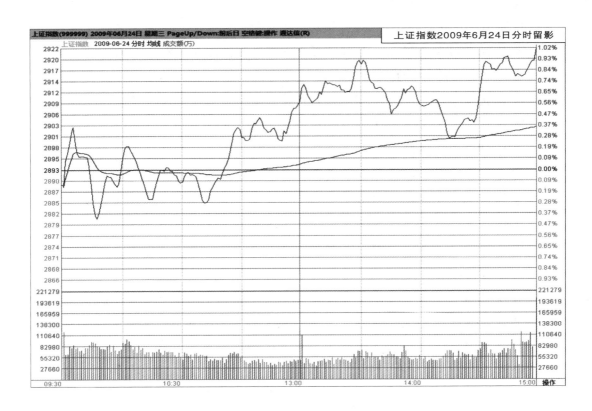

图26-2

下面是今天（2009年6月23日）我与学员"雪狼"关于伏击沃尔核材的盘中对话：

雪狼 09:32:19 哈哈，我的中茵股份真厉害呀，

大山 09:32:46 好的！你要相信自己！大悟至明！

雪狼 09:33:38 对，关注华兰生物。

大山 09:35:50 对！它是生物制药龙头。

雪狼 09:36:14 我的中茵涨停了。

大山 09:44:50 对！

雪狼 09:51:13 您的中金黄金真狠！真傲！！

大山 09:51:26 是啊。哦……注意沃尔核材开盘后的表现。

雪狼 09:55:53　好的，感觉不行，您就告诉我，您只说一个字就行，卖。

大山 09:57:09　好的，我们都要关注，也不要紧张……

大山 10:07:30　路桥建设怕我不要它了，直往上涨……

雪狼 10:07:42　哈哈哈……

雪狼 10:07:57　您谁呀，谁都怕您不要它们。

大山 10:08:20　有时候，当我们最忍受不了时，主力也忍受不了了。

雪狼 10:08:31　是的。

大山 10:17:12　还有14分钟，沃尔呀！

雪狼 10:28:16　沃尔看竞价就知道今天是涨还是跌。

大山 10:30:30　好！

雪狼 10:30:47　不用担心了，是上。

大山 10:30:59　缩量，上涨。

雪狼 10:31:14　看2873能不能过。

大山 10:31:27　没有人卖，肯定涨。

大山 10:31:50　可能又是一个涨停板！

雪狼 10:32:03　过了。

雪狼 10:32:06　太好了。

雪狼 10:32:08　过了。

雪狼 10:32:13　顺利通过。

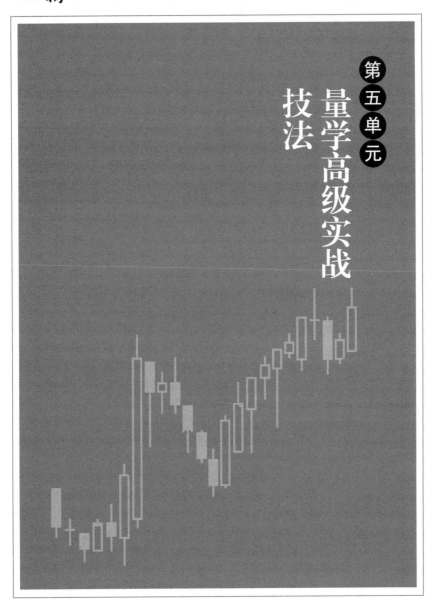

第五单元

量学高级实战技法

第27章

凹口淘金，十拿九稳

2008年2月26日周二的大盘高开低走，触及4123点新低，盘中恐慌抛盘汹涌而出，而我们预报的星马汽车（600375）却由低到高逆市攀升，最终赫赫然占据两市涨幅榜第一名！盘中许多朋友来信来电，询问这只股票是怎么选出来的。哈哈，还是我们的"凹口淘金"那一招选出来的呀。

大家都学过"凹口淘金"，最近大家自选的股票也很不错，像a13605266129同学选出的澄星股份（600078）、承德钒钛（600357），zhangjun1328同学选出的德豪润达（002005），"别有洞天"同学选出的三峡水利（600116）、一汽夏利（000927）等股票，都是很有特色的，但是这些同一天用同一种方法选出的股票，为什么涨幅都不如我们预报的星马汽车呢？下面我们就来讲讲其中的奥秘。

第一节　"凹口淘金"的"首跌法则"

从当天的走势上可见，我们选出的两只股票排在最前面，但是众和股份（002070）却没有星马汽车涨得好，也没有东盛科技（600771）、宏盛科技（600817）、三峡水利涨得好，甚至涨幅名列最后，为什么？先请看星马汽车的走势。

图27-1是星马汽车2008年2月26日的日线走势图，图中有A、B、C、D、E、F、G7个焦点。A点是该股"第三次"见高回落的"首跌"，这里，下跌最主动（跳空向下）、打压最凶狠（击穿实底）、缩量最严重（极度缩量）、回踩最精准（与B、C重合），以此最低点为基点画一条水平线，刚好横穿B点的底和C点的头，三点一线非常平衡，这就是我们说的"凹口平衡线"，此后的走势都将围绕这条线展开。

请看平衡线所在凹口的右侧有个D点，D点是一根中阳柱，刚好向上穿过平衡

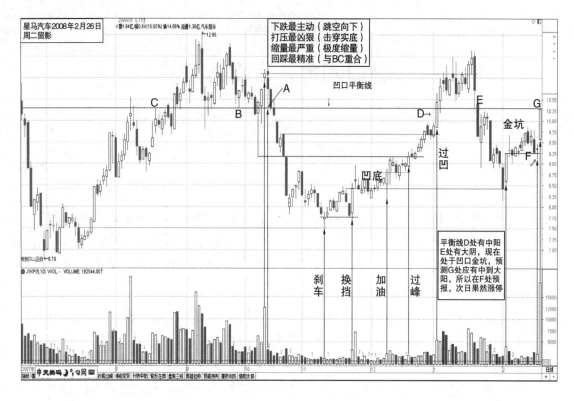

图27-1

线，在E点大幅回落（跌停，却缩量），击穿了A平衡线，然后缓慢回升，有做凹口的可能。据此，我们预测在A平衡线的右侧即G点附近（即26日前后），将有另一根中到大阳柱出现。于是我们等待时机，终于在2月25日的F点发出了盘前预报。因为F点缩量阳十字星，站稳了其左侧涨停柱实顶，说明持股者的平均成本在这里得到了平衡，有望向上突破。果然，该股今天（26日）在G点发力上攻，逆市大涨，且天量涨停。G点的这个巨阳柱与D点的大阳柱遥相呼应，平衡且对称，这就是"凹口平衡线"的预测作用。

我们许多朋友在用"凹口淘金战术"时，只是选择了"凹口"，却没有选择"首跌缩量"，没有选择到首跌严重缩量的"平衡点"，所以不能准确把握"起涨点"，可见"凹口淘金术"的关键就是"凹口平衡线"的取点，只要A凹口平衡线的这个"平衡点"取好了，一切都迎刃而解了。难怪有朋友称A线为"一线值千金"啊！

第二节 "凹口取点"的"拐点法则"

我们曾经讲授过，"凹口取点"只有一个标准：就是要找到"行情的拐点"，也就是要找到行情由上升到下降的转折点，一般是"跌破左侧阳柱实底的那根大阴柱的最低点"（见图27-1中的A点），或者是"主力刻意打压股价最凶狠的那根阴柱"（同上A点），若前面的两点都不能取到转折点，那就要找到"主力意图最明显的那个长阴短柱的最低点"（还是A点）。

请看图27-2氯碱化工（600618）2008年2月26日的截图。

图27-2

我们在图中标有A～G7个焦点。A点是主力刻意打压股价的大阴线，显然应该在A处取点，以A点的底部画一条平行线，刚好与B点的"红杏出墙"，与C点的"上升之星"这两个重要点位的底部重合。这就说明A点是主力故意的行动计划点。如果取点正确，将充分反映行情的转折点。接下来，你将发现许多神奇的"重合"。

当初，当我们在A点画平衡线的时候，其右侧的行情我们一无所知，但是你现在却看到，平衡线切合凹口右侧的D点是个中阳柱，从D点开始连拉6根阳柱，其中在E点拉出倍量，E点次日（1月8日）拉出一根带有天量的巨阳柱；再看F点和G点次日，又是上穿平衡线的两个大阳柱，而且从G点开始连拉9根阳柱，注意啦：这9根阳柱中有2个涨停板！你看，在这根"凹口平衡线"上产生了多少奇迹呀？可以说，每逢股价上穿平衡线时都有中到大阳柱出现。

所以有人说，这条"平衡线"简直是股价的"起跳板"！如果你参照图中"注"的说明，其左峰在10.69元，而目前的右峰才9.60元，若能突破上方平衡线（见图中虚线），其上升空间至少应该在10元上方。

第三节　"凹口起涨"的"对称原则"

前面的实例告诉我们，"凹口平衡线"是"神奇的股价起跳板"，那么它们在起跳时有什么特征？它们起跳的高度能否测量呢？

请看图27-3南卫股份（603880）2020年2月25日留影。

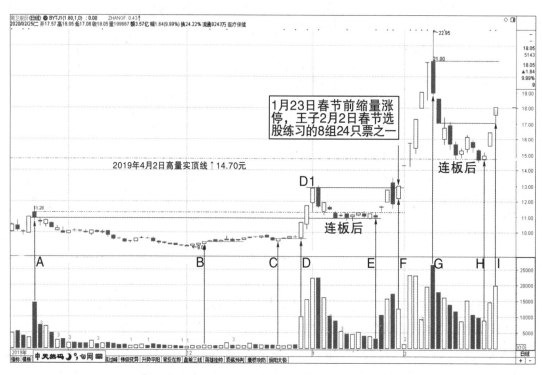

图27-3

这是王子2020年2月2日春节选股练习8组24股中的一只股票。春节后开市至2月25日，这8组24只股票共获得64个涨停。为什么王子筛选的这批股票这么牛？其主要运用了"凹口淘金"这个技术，最主要的是抓住了"凹口起涨"的时点。

请看图中有三个凹，A～D是一个大凹，即量学的"凹底银坑"；D～F是一个小凹，即量学的"凹口金坑"；G～I是一个小凹，即量学的"凹口金坑"。这三个凹形中，第二、第三个凹形非常相似，都是连板后回踩涨幅二一位起跳。下面重点讲讲第二凹D～F的"起跳预判方法"。

我们多次讲过，只要是"首跌缩量"的凹口，如果左侧凹口缩量三一二一或以上，其右侧对称的位置附近必有中到大阳。例如，A柱次日大跌，缩量三一以上形成大凹，所以一旦凹底有卧底黄金阶梯接力向上，在A柱对称的凹口处，就有D柱的起跳突破A平衡线。

D柱三连板过峰，必然有"过峰保顶"的动作，这里的"保顶"就是回踩A峰而不破，果然，该股在A平衡线上横盘8天，精准回踩A线而不破A线，所以，E柱踩实后开始拉升，至F柱缩量突破D1实顶，玩了一个漂亮的"凹口淘金"。F柱是春节前的最后一个交易日，王子就是这天选中的。

注意：我们在画A这条水平线的时候，其右侧的行情根本没有出现，画好了这条"平衡线"，我们就能准确地预报D～F柱右侧的行情了。

请看，南卫股份（图27-3）和氯碱化工（图27-2）凹口平衡线上两个强壮的大阳互相守望，如出一辙，这有一个规律：平衡线上左侧的凹口处有强壮阳柱的个股，其右侧往往也有强壮的中到大阳，否则，它将在凹口平衡线受阻回调。

这就是量学的"股数不变定律"引起的"凹口对称平衡"现象，也是唯物辩证法的"对立统一法则"和"对称均衡法则"在股市上的精彩表现。

第28章

凹口平量柱，爆发猛如虎

2009年7月21日周二看盘，大盘大跌，发现中国石化却已呈"凹口平量柱"之势，本想今日发布盘前涨停预报，但考虑到这么大的盘子，不容易涨停，就没有发布涨停预报，只是盘前预报中提示大家"关注权重和权证"。没有想到的是，中石化今天居然涨停了！这和"别有洞天"预报中国远洋（601919）时的想法完全一样："这么大的盘子能涨停吗？"可是中国远洋就在"别有洞天"预报的期限内于7月15日涨停了！

事实再次告诉我们：量柱温度计的强大预测力不容置疑！

下面请先看看中国石化（600028）2009年7月22日周三的走势图（图28-1），然后再回去对照中国远洋的走势图看看，这两只股票的涨停爆发点几乎一模一样。

首先，请看图28-1中的7根黄金柱。图中A、B、E是3根高量黄金柱，图中C、D、E、F是4根倍量黄金柱。

请看A、B、E这3根黄金柱的黄金线，守得稳如泰山，无论哪一波大跌，收盘价都收在黄金线的上方（如图中箭头所示）。

再看C、D、E、F这4根倍量黄金柱，攻得毫不犹豫，无论哪一次下跌，都没有被最低价击穿过，而且每次触及黄金线就反身向上！

主力有这么精准的算计处理，是极为可贵的品质。碰到这样算计极为精准的主力，我们就要大胆跟进！

最后看看6月30日的这根E柱：表面上看是一根倍量拉升的阴柱，其实是高开低走的"假阴真阳柱"。出现"假阴真阳柱"的次日，是缩量一倍的阳柱，第三日又是倍量阳柱，这种"假阴倍量柱+减倍缩量柱+增量倍量柱"组合，形成了经典的"倍量伸缩三重奏"，果然连续大涨五日（7月2日至7月7日），然后在7月6日G柱的支撑下横盘整理。

中国石化从7月6日G柱开始的12天横盘整理，表面上看是一个小箱体，其实

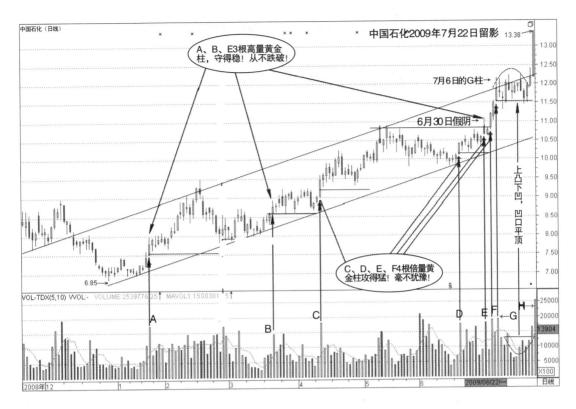

图28-1

质是"凹口平量组合"。你看其股价呈"上凸状"，但是其对应的量柱却呈"下凹状"，"上凸下凹"，上下呼应，这种典型的"凹口平量组合"，仿佛两位将军守护着一群弱小的市民，团结奋斗之状栩栩如生，具有极大的爆发力（详见《股市天经（之一）量柱擒涨停》之"凹口平量柱"）。

我们昨日就是看到"倍量伸缩二重奏"加这个"凹口平量柱"的组合，预见中国石化将有中到大阳，但实在没有想到这么大的盘子居然会收涨停板，所以漏报了这条大鱼。愧乎哉？不愧也！因为又多了一个有力的佐证。往后，我们大家都要自信一点："自信量柱温度计，会当伏击涨停板。"

无独有偶，2009年7月21日周二学员huhu0811伏击的伊力特（600197），又是这种状况。如图28-2所示，伊力特的走势相当精彩。

其左侧的A、B、C三根高量王牌柱基础打得相当牢固，每次下跌的收盘价都在其黄金线的上方，与中国石化异曲同工。

其右侧D、E、F、G四根倍量黄金柱的算计相当精明，几乎每次下跌都是触其黄金线即反身向上，又与中国石化不谋而合。

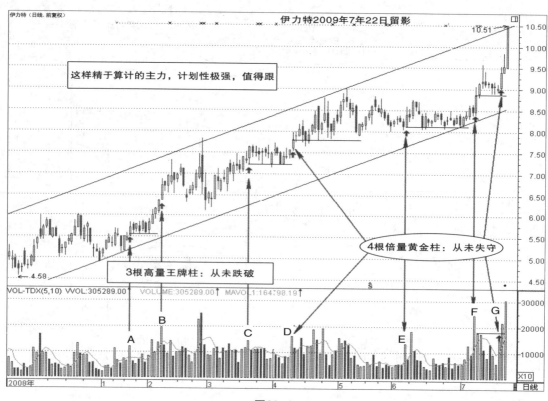

图28-2

最精彩的，当属右侧的"凹口平量组合"，与中国石化一脉相承，只是多了一根凹底倍量柱G柱，次日缩量上攻（7月21日学员huhu0811介入），今日（7月22日）放量涨停！

精彩！太精彩！特别精彩！特向伏击伊力特的huhu0811同学致敬！

现在，让我们看看图28-3。这是"别有洞天"同学7月5日盘前预报，7月15日涨停的中国远洋（601919）的截图，请看它涨停前的蓄势和备攻。

图中A、B、F为高量王牌柱，图中C、D、E为倍量黄金柱。

A柱后面的拉升凌厉，所以给B柱后面的打劫制造了足够的空间。

C柱是对B柱的救助，刚好在A、B升幅的二一位配合拉升。

D、E、F三柱守得相当稳健，任何一次打压都未跌穿其黄金线，说明主力控盘到位，拿捏极有分寸。

主力最有智慧的是EF段的操作，价柱形成"上凸状"，而量柱都是"下凹状"，F柱在凹口平量柱起柱，次日即价升量缩，有形成黄金柱的趋势。

"别有洞天"同学在F柱的次日（即7月5日）发布盘后预报，此后该股在FG之间再度形成价升量缩的黄金柱走势。

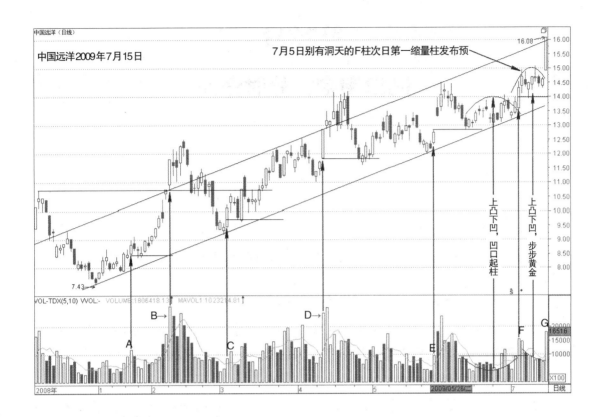

图28-3

中国远洋这么大的盘子，要想飙升，必须借助黄金柱的力量进行相对较长时间的蓄势，从7月6日开始的10天蓄势，刚好在我们预定的10日内涨停。G柱就是7月15日涨停的状况。刚好突破上升通道，必有新的拉升行情。

从"别有洞天"伏击中国远洋涨停，到我们预感中国石化飙升，再到huhu0811同学伏击伊力特涨停，三步曲步步精彩，三只股只只经典。大家一定要把这三只股票这三次涨停的量柱组合好好记住。

我们曾经多次想用程序捕捉这样的"涨停定式"，但是，都失败了。原因是：这样的"凹口平量组合"只可意会，难以言传，更难以用计算机的数学模型来计算。计算机是死的，人是活的。只要我们大家慧眼识股，一定可以擒住这样的涨停牛股！这就是我们发起"伏击涨停人民战争"的初衷。

人人都睁开慧眼，牛股将无处可藏！

祝大家伏击更多涨停板！

祝"伏击涨停大赛"硕果累累！

（验证网址：http://www.178448.com/viewthread.php?tid=29693）

第29章

凹口淘金，分时介入

今天（2008年11月12日周三）讲讲"分时凹口淘金战术"。

我们前天介绍的"凹口淘金法则"，今天有朋友使用不当，特在此重复两个问题。

第一，"凹口淘金"的第一要素。"凹口淘金"的第一要素是选对有潜力的个股。请看网友今天（2008年11月12日）预报的中航沈飞（600760）今日走势图（见图29-1）。这是我们10月15日（D柱）预报过的一只黑马，预报一个多月

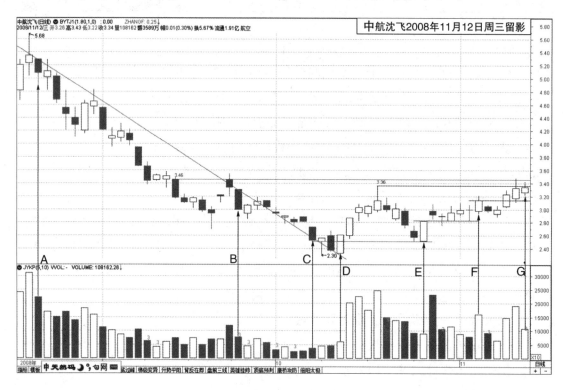

图29-1

来，已有两波涨幅，至今（见G柱）涨幅已达50%，G柱虽然有兵临城下之势，但B高量实顶线和凹底高量虚顶线有双重压力，显得今日上方压力很大，关键是底部第一倍量柱F被跌破，此后虽有三连阳向上，但G柱是T4（梯量第四柱常态示跌），可以观察一日，达标再伏击。

这样的个股，基本上已到近期调整位，其涨幅不具备"潜力"，所以我们一般不要把这样的股票作为预选股，只有当它突破高量柱实顶压力位时，才是我们关注的对象。

再请看图29-2江特电机（002176）2008年11月12日走势图。

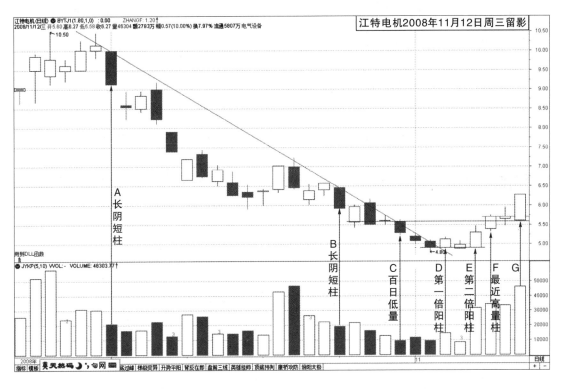

图29-2

江特电机自A处长阴短柱下跌以来，B处长阴短柱接力下跌，跌出了百日低量柱C，D柱小倍阳刹车，E柱大倍阳换挡，F柱跳空向上，将E柱提升为元帅柱，G柱有加油的潜力。再说，该股从底部反弹不足20%，当前底部出现两个小倍阳，第二小倍阳E柱兼底部元帅柱，此后连续两天冲击C柱凹口平衡线，而且量价齐升，平量柱蓄势充分，很可能一举突破。

对比这两只股票，显然，江特电机更有潜力。我们就要选择有潜力的股票。

第二，"凹口淘金"的分时介入。当我们确定某只潜力股之后，并非一定要买，我们还要通过次日开盘后的走势来确认它"值不值得买"和"什么时候买"。因此，我们在开盘前，应该对目标股的未来走势确定一个"伏击圈"，只要过了这个伏击圈的上沿，分时图上无论什么时候的凹口都是值得关注的金坑。

从江特电机的日象图上看（见图29-2），图中右下方F柱（最近高量柱实顶线5.70元），而该股昨日价柱处于高量柱二一位5.54元上方，那么我们就可在分时图上将5.54～5.70元这个区间设为伏击圈，只要过了这个伏击圈，分时图上无论什么时候出现了凹口，我们都可大胆介入。

为了更加保险，我们将最近的、最大的阴价柱的二一位5.78元作为稳健型伏击圈，这就有了"激进型"和"稳健型"两套伏击计划。无论进入哪个伏击圈，都是可以开枪的。这就是交易计划。

下面请看江特电机今天（2008年11月12日）的分时图（图29-3）。

你看，下午最深的一波下探，也是以伏击线为支撑，这样的个股就可以大胆介入。介入的时机就在"冲高回落再拉升"的"凹口"。有朋友可能要问了，如果在上午介入，岂不是在下午要吓出一身冷汗？且慢，这里有两个关键要素。

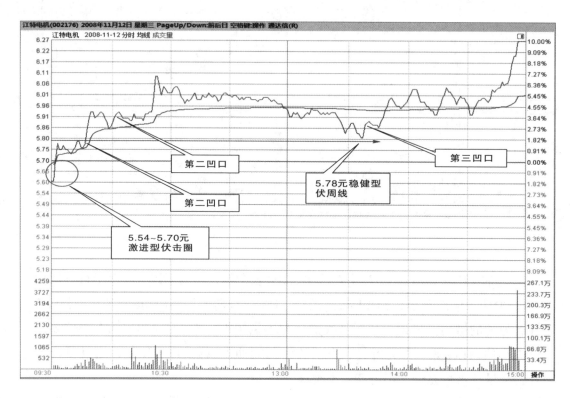

图29-3

第一，是在盘前预设的伏击线一定要准确。该股的人线在5.70元上方，是一道强有力的保障，所以，在5.80元介入也不会有危险。即使第二天大跌，你也可以在安全的点位出货。

第二，是介入时间段的选择。我们曾经说过多次，开盘前的半小时至一小时间是"躁动期"，这时不宜买股，反而适合卖股。目前熊市的操盘，最好是在下午介入，上午出货。即使次日大跌也有弥补的机会。

当然了，只要第一关掌握好了，一般不会出问题的。同样，凹口淘金术还可以帮助我们适时出货，即股价跌破黄线（即当日人线），或者跌到凹口平衡线下方，一般情况下应该出货。

祝网友明天凹口淘金大有收获！明天收盘后，将介绍凹口淘金的"盘口三维法则"，欢迎到时观看。顺便说一句，网友可以在盘中交流时提出凹口淘金的股票，但不要问什么时候买入。因为盘中变化极快，时机稍纵即失，各人自己把握好平衡点，该出手时就出手！

最后谢谢夏雨清风、谢谢悟空、谢谢zzjjj，谢谢翁老师，谢谢"万东医疗"为本站连续贡献三个涨停！本站2008年牛股预报现已突破2007年业绩，今日累计达到308个涨停了！我们将力争今年突破365个涨停，为大家献上我们的真情。

今天的许多个股都有调整的要求，所以暂时不推荐个股，大家可以在盘口关注"凹口平衡点"的情况，择机而行。

明天盘中交流时将及时点评……

（验证网址：http://www.178448.com/read.php?tid=28501）

第30章

踩着梯子登高

这是"www.178448.com股海明灯论坛"上，为配合"梯量柱"和"凹口淘金"的实战案例讲解。（文中"大山"即"王子"）现在收集如下，供大家参考。

大山15:38:10　昨天（2008年8月22日周五）说好今天讲讲"梯子"的问题，现在开讲。先请看图30-1长江投资（600119）2008年8月22日截图。

大山15:40:50　图30-1是长江投资今日（2008年8月22日周五）的截图。图中箭头指明了D、E、F、G、H五个平台（都是以王牌柱的标准，取倍量柱或高量柱为基柱画线），像"梯子"一样步步登高。如果我们不画出这些平台线，其实很难看出这是五级阶梯。

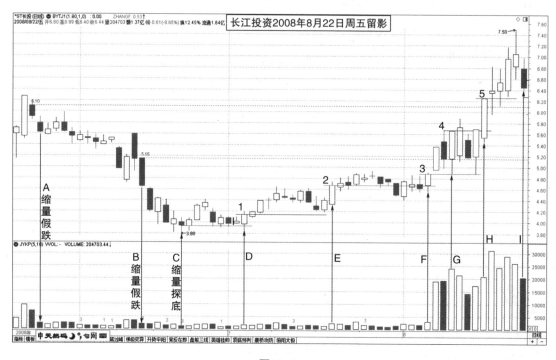

图30-1

我们是在D柱发现该股的，往左边一看，A柱缩量假跌，B柱又缩量假跌，可以用这两根柱子画两条凹口平衡线，用"凹口淘金"的眼光看，该股反弹的第一目标位就是涨到A柱左侧的大阳实顶左右。那么，我们在D柱发现该股，只要D柱右侧能形成三级台阶，我们就能顺着梯子登高了。

今天（2008年8月22日周五），我们看到这幅图，看到我们画的黄金梯，当然很好研判了。但是，当我们在D柱发现该股异动时，能不能如现在这样发现该股的进出机会呢？肯定不能！为了帮助大家找到每段行情的进出点，下面以量学黄金梯战法，讲讲具体方法。现在看图时，请大家以D柱为基础，故意不看右侧的行情，我们才能真正弄懂梯量柱战法的好处。

D柱当天，我们初步认定这是主力在试探，因为从C柱到D柱的9天，几乎没有量能放出。我们以为这是一般的底部盘整。D柱后第二天，放量将近一倍。有戏！

小草(408396052) 15:44:19　大家坐好。然后呢？

大山15:45:07　然后，又是连续8天的震荡回调（请对照图30-1看）这里形成了一个平台，但未过左侧大阴实顶。注意，这里连续8天的回调，从来没有"有效跌破"D柱实顶线，D柱是黄金柱无疑。

至E柱，小倍阳过左峰，过左侧大阴实顶，试攻，但还是不敢预报，因为没有形成三级台阶，还不能算梯子，应该继续等待。

从E柱开始，连续横盘8天，这8天的震荡很凶，不管跌得多么凶，还是没有跌破E柱实底。

逐月15:49:42　哦……

大山15:50:12　在F柱的前三天，是8月1日周五，该股低开高走，形成这个平台中最大的中阳柱，以后，连续三天滞涨，你看，主力多么狡猾，连续三天都是用天线试探左峰，量能磨磨叽叽，一点也不放大。这连续的三天滞涨，可能迷惑了许多人，在这个平台上折腾了11天，不管怎么折腾，从来没有低于E柱中阳。至此，形成了两个逐步升高的平台，可是量能一直不放大。

至F柱次日，该股突然跳空向上，倍量拉升过最近的凹口平衡线，可惜我们当时没有看到，没有预报，但我们有警觉到，主力在前面的两个平台上吸取了不少筹码，才有F柱的跳空向上突破凹口平衡线，即将开始拉升。如果大家有兴趣，可以算算，这两个平台上他一共吸了多少筹码？

小草15:59:16　怎么算呢？

大山16:00:03　把每个平台上的成交总量除以2。至此形成了第三级"低量柱+倍量柱"的黄金台阶。

飞红巾16:02:15　哦……

大山16:02:32　F柱隔日高开低走，收一放量阴柱，当时正是周末，正在我们感到"幸亏没有介入"的时候，主力在8月11日周一（G柱），却来了个平开低走再高走，封死涨停。主力的高明之处就在这里。

爱水的鱼16:03:44　啊……

小草16:04:34　啊……

大山16:06:32　G柱后面第二日，本想介入，可是一开盘，打压至跌停处。

小草16:06:36　真让我不敢想象……

大山16:06:49　我又吓出一身冷汗……

爱水的鱼16:07:01　我终于明白，小心驶得万年船啊……

大山16:08:27　图30-2是长江投资2008年8月13日跌停板当天（G柱后面第二天）的分时走势图。面对这样的走势图，谁愿意介入呢？借我十个胆也不敢介入呀！这就是主力的狡诈之处，他的拉升意图全部掩盖在打压之中。

逐月16:10:01　我的神啊……

大山16:10:08　从G柱后面第二日调整，大家注意看，收盘价从来没有低于G柱实底。很明显，从G柱开始有望形成第四级台阶。黄金柱已形成！这时我才意

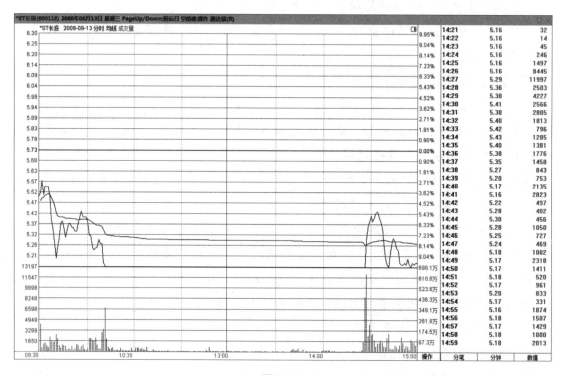

图30-2

识到，主升浪即将到来。

果然，G柱后面第三日（8月14日）分时图上依托黄线横了三个小时，最低点精准回踩F黄金柱实顶，午后突破凹口平衡线5.15元，我们小组马上发出涨停预报，当天抓了个涨停板！

图30-3长江投资2008年8月14日留影就是G柱后第三日大跌后的涨停板走势图。

大山16:12:56　此后，连续五天大涨。

小草16:13:10　啊……

爱水的鱼16:13:15　啊……

大山16:13:42　即使在昨天大盘回调91点的情况下，它依然逆市大涨！这就是第五个台阶（从8月15日开始）

逐月16:14:36　深鞠躬……

大山16:14:37　好了！说到这里，告诉大家一个秘密。

小草16:15:17　谢谢……

大山16:15:40　温和放量构筑的平台，是非常有底气的平台，只要大家关注一个窍门就能打到牛股。

柴刀16:16:42　鼓掌……

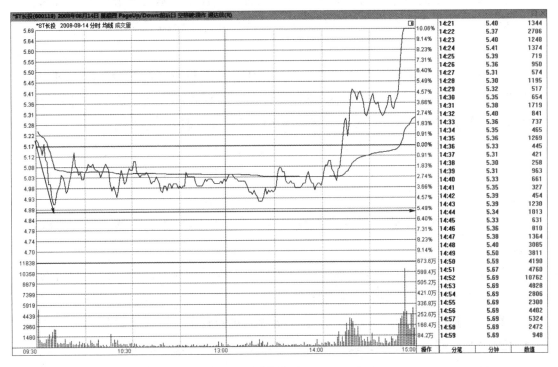

图30-3

大山16:17:04　这个窍门就是：无论主力怎么洗盘，只要后面的价柱收盘价没有跌破前面的"起始平台价"，你就可以大胆持股。不过，像长江投资这样的主力太狡猾了，他不让你嗅到一点吸筹的味道，他却吸了个大饱。前面的两级台阶是不动声色地吸筹，吸得太巧妙了，我们在第三个台阶才引起警觉，却被主力的跌停板忽悠了，白白浪费了两个涨停板，但是，我们还是抓到了主升浪。

回头再看今天的走势，今天的大跌，可能又是洗盘。为什么？大家能给出答案吗？等待高手和大家的点评！向高手学习，向高手看齐！

飞红巾16:23:16　根据这个情况，好像是出货。但是这么点量怎么出啊？所以应该是洗盘。

大山16:24:27　有意思了……

飞红巾16:26:01　从F柱开始到现在，换手已经超过了100%

大山16:26:25　好！你又看出了一个名堂。

大山16:26:32　再看……把图缩小了看……

飞红巾16:27:26　到了前期压力位，看能不能放量冲过去。昨天已经一举解放了所有的套牢盘。哇，怎么忘了老师的凹口淘金！

大山16:34:41　说得对！大家再结合我们最近两周内预报的十只涨停个股，看看红宝丽、华润锦华、东安黑豹、江特电机……注意，第五级台阶应该打劫，一旦打劫成功，他就会上攻；否则，一旦打劫失败，那就向下。

小结：主力的动作是有规律的，在本例中，长江投资前面两个台阶的时间周期都是9天！第三、第四个台阶稍有变化，那只是因势利导所形成的局部差异，整体上应该还是9天。我们从这个例子中可以得到如下启发：

第一，前两个台阶，主力不动声色地吸筹，让你对他不在意，因此不想参与；

第二，第三个台阶，主力大动干戈地折腾，让你对他不满意，因此不愿参与；

第三，第四个台阶，主力极尽全力地拉升，让你对他不留意，因此不敢参与；

第四，当股价跨上一个台阶后，只要后面的收盘价没有跌破"前一台阶的黄金线"，就有再上一个台阶的可能；

第五，量柱形成的"梯子"，不仅能帮助我们看盘，还能帮助我们买卖。请大家结合长江投资的图形，设计一下"买卖点"，一定大有收获。

（参见http://www.178448.com/htm_data/139/0808/28092.html）

第31章

扶着梯子赚钱

今天（2008年8月26日周二）的实盘操作，大家基本上看到了"轻大盘、重个股"的含义。今日大盘大跌，可是我们盘前预报的中达股份（600074）逆市震荡，步步上行，终于至尾盘涨停；前天讲座里截图评点的长江投资（600119），今日竟然跌停后上攻3.43%，涨幅达13.43%。许多朋友来电询问其中的奥秘，现将我们的选股操盘思路汇报如下。要想弄懂中达股份涨停的原因，可以先从长江投资入手，没有看过前天讲座的朋友，建议看看前面的《踩着梯子登高》一章。

一、看准梯级

首先说说长江投资。前天我们在讲座里专门强调了"第五根平衡线"的重要，我们说过："只要三天内没有有效跌破第五根平衡线，该股看涨。"今天果然不出所料，该股顺市大跌洗盘，然后逆市大涨拉升，一天涨幅高达13%，再次确认了这"第五根线"的重要意义。

这"第五根线"初看是"第五平台"，其实是我们前面讲过的凹口平衡线，我们说过，只要是凹口平衡线通过的地方，往往有一根中到大阳线拔地而起。今天再次应验。正如网友"清风"所言：

清风15:28:51　我今天低位买的长江投资（600119），不错。

大山15:29:30　看懂了前天画的台阶，你就不用怕了。

清风15:29:59　是的，老师的指点，让我看清了主力一点点的面目。

大山15:30:13　这个庄家太狡猾了，前面让我错过了两个涨停板，真想吃他的肉。

清风15:31:18　今天又一次打到跌停，我都有点怀疑主力跑了，要不是你的火眼金睛，我是不敢进去的。

没有看懂的时候，的确"不敢进去"。长江投资的主力，从左侧假跌下来之后，用了三个平台吸筹，而且是不易察觉的平台，每个平台几乎都是9天时间，而第四平台只用了6天，可见洗盘不够充分，所以我们预计主力将在第五平台疯狂洗盘，提醒大家注意不要怕跌，只要不是"有效跌破"。

请看图31-1长江投资2008年8月26日周二留影。

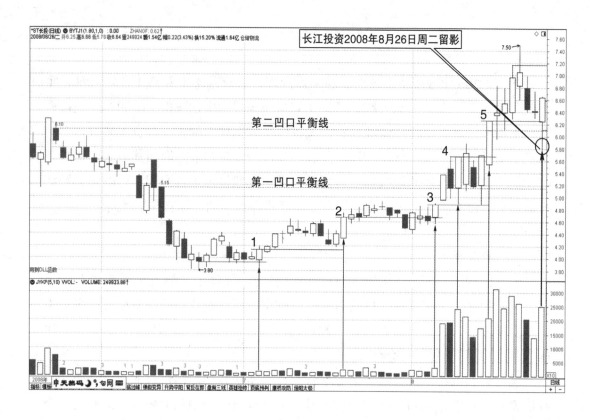

图31-1

图31-1右侧圆圈处，是今天的价柱。从整个走势上看，量学的黄金梯战法告诉我们，第三、第五级金阶往往会打劫，该股从峰顶打压了三天，连续缩量三天下跌，没有破第五级金阶的实顶，应该是打压到位了。今天是第四天，该股在第五级黄金柱实顶开盘，也可视为下跌到位。但是今天大盘大跌63点，主力借助大盘狂跌的契机，将该股一下子打至跌停板。这个跌停板是精心算计过的，为什么前天和昨天不跌停？因为，前天的大阴虚底，是缩量精准回踩左侧的大阳实底；昨天的虚底是缩量三一精准回踩左侧大阳的虚底；前面这两天的缩量精准回踩，是有节有度的，所以主力今天才敢于打到跌停板，然后拉起来再涨3.43%，全天

192

涨幅高达13.43%。

请注意：今天大涨13.43%的实顶，刚刚突破左侧大阴二一位，量柱是倍量柱，要是次日不能突破大阴实顶，该股还要继续下探，因为第五级台阶的打劫，往往是很凶狠的。

这样的主力真是精明过人，与这样的主力过招，那才真叫过瘾！

二、设定梯位

与长江投资异曲同工的就是中达股份。

请看图31-2中达股份2008年8月26日的走势图。

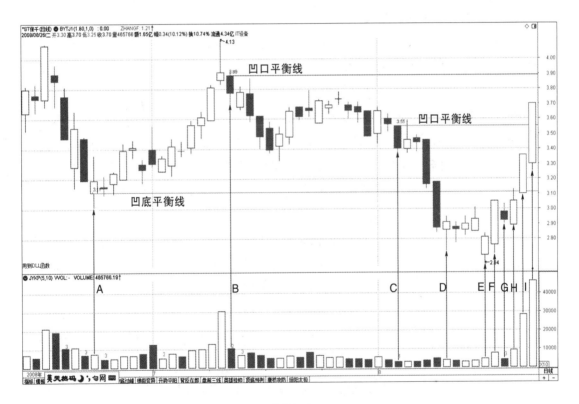

图31-2

如图所示，A是下跌以来的第一个凹底，B是遇左峰下跌凶狠缩量的第一凹口，C是缩为百低的第二凹口，显然，该股一旦企稳上攻，其目标位至少应该到达B柱凹口平衡线。

D柱是极阴次阳，此后四日缩量横盘，量柱和价柱几乎都在一条水平线上，这是典型的"水平横盘"，这样的横盘有两种可能：一是多空双方的力量平衡，不能上也不能下，僵持着；二是主力暗中吸筹，你上他就打，你下他就吸。由于量能极度萎缩，我们不敢确认这里是不是主力的行为。但是，再狡猾的狐狸也会露出它的尾巴。

E柱（8月19日周二），该股下跌，量能却比前四日的均量放大了一倍，且收出了一个小阳线。这引起了我们的关注。

F柱（8月20日周三），该股再度放量上攻，量能比E柱放大一倍，显然这是主力行为，收盘于左侧大阴二一位上方，应该发布预报，但是，考虑到它是下跌之后的第一个倍量柱，只是试探，所以没有预报；为了稳妥起见，我们在A点（6月20日的开盘价3.11元）画了一条平衡线，只要突破这条线，就是介入的良机（请看该图右侧与A点平衡线处）。

G柱（8月21日周四），狡猾的狐狸玩起了缩量假跌的把戏，我相信，即使前几天看出点眉目的人也不敢介入了，这里的把戏与长江投资的主力如出一辙，就是要"让你不介意"。

H柱（8月22日周五），该股开盘即直冲A点平衡线（3.11元），然后缩量下跌，收在当日的人线下方，收出一根带天线的中阳，至此，该股在五天内已三次比前一日增量一倍，形成了"倍量伸缩"建构。常言道"事不过三"，既然这里有三次"倍量递增"，H柱肯定是主力进驻了。只要它敢于过A点凹底平衡线，我们就敢于介入。

I柱（8月25日周一），主力开盘即突破了A点平衡线，此时不进更待何时，我们在股价回落到人线再度上攻时果断介入，其后，股价在涨停位稍作停留即反身下探，一直在当日人线的位置横盘一个半小时，然后冲击涨停，又多次打开。涨停的多次打开，说明主力不是刻意封涨停，而是吸引目光，引出抛盘，谁抛他都接，说明他第二天一定有涨停的打算。所以我们大胆地发布了涨停预报。我们预报的第一阻力位是3.55元即B点的平衡线。

8月26日即今天，沪市大盘有869家下跌，只有66家红盘，而中达股份却能在3.52元左右震荡盘升一天，看到它欲上又下的样子，连黑马小组的"雪狼"都产生了动摇，我与他在QQ中的对话请看今日的盘中交流第121楼。最后五分钟，中达股份轻松涨停了。它突破了C点的平衡线。至此，中达股份已完成了两个平台的突破，接下来会怎么走呢？

与长江投资相比，目前只能说中达股份是个短线主力。因为长江投资的主力吸筹用了一个多月，而中达股份才一个星期；长江投资的拉升用了三个平台垫底，而中达股份的拉升只用了一个平台垫底；第三，长江投资的每个平台都用了9天左右的整理，而中达股份的平台几乎是一天一个台阶，它明天的阻力位就是B点平衡线，看看他用什么手法冲过去。

三、看好梯级

阻力位就是梯级位。阻力位可以通过计算来确定，也可以通过看盘来确定。目前的个股，普遍跌到了2005年的水平，股价的左侧有许多可以参考的"平衡点"，例如我们上图的ABC三个点位，就是它的阻力位。我们完全可以通过"看盘"的方法来确定阻力位。这就是我经常说的"扶着梯子买卖"的策略。

试想，对于长江投资和中达股份这样的个股，我们完全可以按照ABC三个点的平衡线来确定买卖。阻力点可以步步抬高，止损点也就可以步步抬高，我们还怕被套吗？

【试验】如果中达股份明天突破了B点平衡线，那么，它的下一个平衡点在什么位置呢？我们认为，它的下一个阻力位就是5月14日的收盘价4.80元左右，止损位就是今天的60日均线3.51元。大家可以验证一下。

第32章

炒股三部曲：看鱼、选鱼、捉鱼

感谢admin把今天（2008年7月9日）"盘中交流"的随机点评整理排序，让我们可以从中领会"看盘、选股、择机"的三大要领。

昨日盘前预报的苏泊尔（002032）、霞客环保（002015）涨停，是双喜临门。

今天盘中点评的京能置业（600791）、贵研铂业（600459）、三普药业（600869）、中孚实业（600595）涨停，四喜临门。

许多朋友说我"火眼金睛"，其实，不是我有什么法宝，是量柱帮了大忙。大家千万不要迷信我，只有相信你自己，才能提高自己，相信量柱，才能在股市中赚到真金白银。如果把希望寄托在我的身上，那就会令你失望了。

师傅常说，授人以鱼，不如授人以渔。"鱼"可以让人吃一顿，"渔"却可以让人吃一生。所以，我非常感谢admin的辛勤劳动，把我们"捉鱼的方法和工具"传授给大家。

今天的"看鱼、选鱼、捉鱼"的方法，请对照图32-1苏泊尔2008年7月9日周三的分时图，看看我们的实盘交流：

第14楼黑马王子2008年7月9日09:40发表:介入苏泊尔！现价！

ff2006　已经买入苏泊尔。

大山　注意主力的假动作，分时图上双尖底打压吓人，看日象图却有某根量线支撑着！这就是假跌，就是盘中洗盘，想吸筹。

shenhao5 09:45:43　老大，京能热电怎么办？还有京能置业。

大山 09:46:49　这两个都好！捏死它！

追忆似水年华 09:46:06　我想上中孚实业。

大山 09:47:44　好！快点！

第36楼sdafei2008年7月9日10:06　苏泊尔是在洗盘吗?

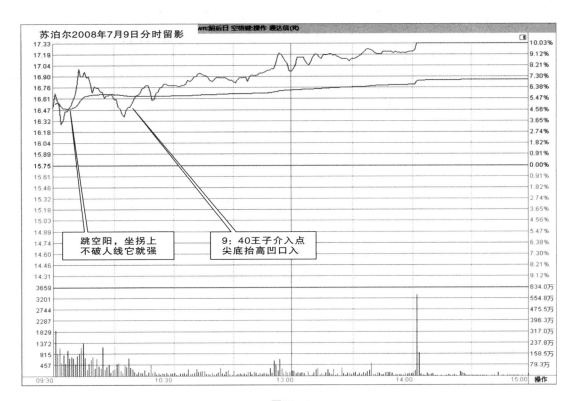

图32-1

大山　对！现在大盘大量，凡是现在变绿的股票，都有洗盘的嫌疑！

雪狼 10:28:13　中国太保快速拉高，该股是最近保险股中唯一不创调整新低且机构持仓比例持续创新高的品种，该股目前距离发行价还有30%差距。

大山 10:29:09　在21元左右可以跟进。

悟空 10:08　新热点出现，权重股护航冲过压力位，回打不破是加仓的好时机，"大象人兽"（股民"戏语"，指"中国人寿"）已涨停，自那天"七七"事变后，大、小主力基本达成"共识"，胆小的可不追，安心持好手中股票待涨便是！

雪狼 11:21:57　尖峰集团走势可以呀，您看呢。

大山 11:22:35　左侧谷底有阻力。

雪狼 11:23:07　哦，在4.69元那里。

大山 11:23:14　对！

雪狼 11:26:29　建投能源在7.30元有压力。

大山 11:26:53　对！

雪狼 11:27:45　建投可以先出来？

大山 11:28:05　等会它上去了再出。

大山 11:28:27　关注华夏，卖盘增大。

雪狼 11:28:41　啊？

第79楼黑马王子12:45　介入贵研铂业！

第85楼ycg999　王子，我跟进贵研铂业，太帅了！

第89楼蓝黑的魂13:20　买了点600459贵研铂业，现在还可以进不？王子，你怎么这样的厉害？

第90楼悟空13:21　引用第79楼黑马王子2008年7月9日12:45留言:介入贵研铂业！王子老师一声召唤，打乱了主力的洗盘计划，不敢"再装了"，午后迅速拉起，佩服！（见图32-2贵研铂业2008年7月9日分时留影）

第106楼老树昏鸦13:50　一定要跟紧，出手要坚决，不能三心二意，才能不掉队！！

第108楼sdafei　支持王子……今天晚上你的师傅又要批评你啦，哈……

第115楼135246 14:05　王子太神了，今天说苏泊尔涨停真的就涨停了，我也买进了。

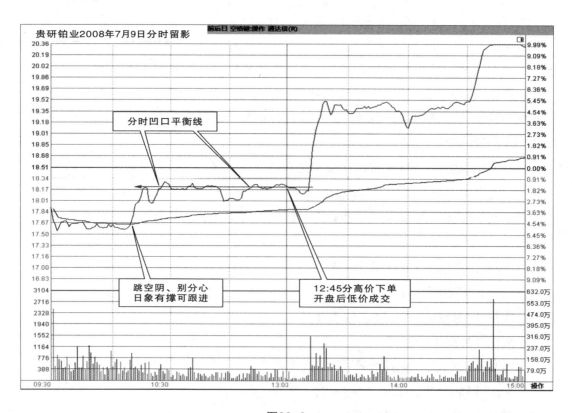

图32-2

雪狼 13:46:03　还买什么？

大山 13:46:29　哪只你担心？

雪狼 13:46:57　我没有担心的呀，还有没有要买的呢？

大山 13:47:11　正在看。

雪狼 13:47:24　要不再买贵研。

大山 13:47:37　要！

雪狼 13:49:32　还可以买3900股。

大山 13:49:48　好！

大山 13:49:55　我也加了。

雪狼 14:06:44　您太神了，真是佩服得不行！不行了！

雪狼 14:09:53　就这么牛！没有办法！

大山 14:10:25　啊。

大山 14:10:57　抓浦东建设！

雪狼 14:11:23　没有卖的了，哥们。

雪狼 14:11:34　要不把东盛卖了。

雪狼 14:15:16　把东盛卖掉呀？

大山 14:16:00　好！

雪狼 14:16:10　您真狼。

雪狼 14:16:49　您看东盛的分时。

大山 14:17:25　认了，卖！

雪狼 14:19:54　买谁呀？

大山 14:20:18　三普药业！

大山 14:20:30　我也买它了。

雪狼 14:20:40　好！

第132楼ycg999　恭贺贵研铂业涨停！王子真牛人也！

大山 14:46:38　劲嘉现价卖出！！

雪狼 14:46:46　好的。

雪狼 14:47:01　哦，我没有劲嘉。

大山 14:47:28　蓝星现价卖出！！

雪狼 14:47:36　好的！

重温上述盘中交流，回忆盘中的紧张热烈气氛，我也觉得蛮过瘾！真的"似有神助"！

第一，看盘就是"看鱼"，要用我们昨天讲的"三维看盘法"，看透庄家的行为意图；

第二，选股就是"选鱼"，要用我们前面讲的"三线定乾坤"，把握买卖的进出标准；

第三，出手就是"捉鱼"，要用我们前面讲的"随机下单法"，不要斤斤计较几分钱！

凡是盘中说"介入"二字，就是要在那一分钟内搞定买卖两个单。今天我是先通知大家介入贵研铂业后，我才动手的，先在次高价卖出华夏银行（赚9个点），然后以18.19元介入贵研铂业，收盘净赚11.07%，可是多数朋友却在我的价位上面介入，这就是下手太慢。

我的搞法是：想买，就多填五档，甚至挂涨停价下单，成交还是当前价。非常时期就要非常动作！望大家今后要干净利索点，和打仗一样抢时机。

近来盘中交流时许多朋友提出一些非常初级的问题，实在不宜盘中讲解，像"什么是主买、主卖？""什么是点位？""什么是逢高出货？"最好是看看明灯论坛里的精华文章。

还有朋友问"凹口淘金的贴子在哪里？"也在精华文章里。

明天有什么好股？黄金遍地是，关键在于慧眼识金。

第33章

一石二鸟：一笔资金俩涨停

所谓"一石二鸟"，就是用一个石头打落两只鸟。其实，这个说法不太符合我们的操盘实际；我们说的"一石二鸟"，是用一笔资金，当天擒拿两个中到大阳，或当天擒拿两个涨停板。

初看这个标题，不可信！但是当你知道其中的方法后，你也可以一石二鸟，这个方法非常简单：就是要求你学会"饿汉吃饺子"，学会"嘴里嚼一个、筷子夹一个、眼睛盯一个"，将日前"嚼着"（介入）的股票在当天早盘涨停（或中到大阳）时卖出，然后用这笔资金，迅速去抓另一只盘前"盯好"的股票，一不小心，当天就是俩涨停。

一、卖出宏达股份、买入大连热电的实况记录

凡是昨天（2008年7月11日周五）在股海明灯网站看到王子老师操作苏泊尔和宏达股份的实盘交流者，无不拍案叫绝。王子对时机的准确把握、对价位的准确捏拿、对战友的即时提醒，几乎精准无误。盘中许多朋友即时发贴表达了心中无限的仰慕和惊叹！下面是王子的操盘对话实录和日象图示（见图33-1）：

第83楼秋风飒爽11:06　宏达的主力在出货吗？【东方注：宏达股份是7月8日介入的，现在是买后第3个交易日，又是梯量柱的第五个交易日，王子盘前提示大家不过左一凹口平衡线就要卖出。】

大山 11:17:40　宏达依托平衡线（13.35元）洗盘，不要怕。【东方注：王子从凹口平衡线的角度看，应该涨。】

雪狼 11:18:32　好的，我好担心呀，卖出大单都很大。

大山 11:18:49　对！卖盘只是多四分之一。【东方注：再从内外盘的成交量角度看，应该涨。】

雪狼 13:10:36　王子，在吗？又让您说对了，宏达。

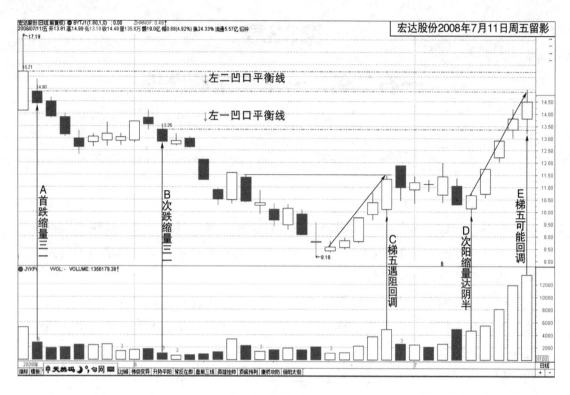

图33-1

大山 13:10:52 好的，要注意了……【东方注：别人放心了，他却担心了，处于冷静地观察中……】

雪狼 13:30:29 是的，宏达疯了，被您看到骨头里了！

大山 13:30:53 注意！我的通知。【东方注：宏达疯涨时王子提醒准备出货。】

雪狼 13:31:03 好的。

大山 13:31:16 苏和宏。【东方注：同时提醒苏泊尔、宏达股份出货。苏泊尔是7月9日盘中介入的，现在也是第3个交易日。】

雪狼 13:31:39 您通知就用QQ，不要用论坛。

大山 13:32:14 疯涨不过凹口平衡线，梯五受阻就出，准备随时介入大连热电！【东方注：嚼一个，夹一个，盯一个。】

雪狼 13:32:31 好的，得令！【东方注：对照宏达的分时图（见图33-2），更能体会上述对话的精准！】

大山 13:35:46 宏达出货！【东方注：提前通知出货。】

雪狼 13:35:54 好的。

大山 13:36:10 只要它从上往下拐头就出。【东方注：指出看盘要领。】

图33-2

雪狼 13:36:20 好的。

大山 13:38:18 可以出了14.80元。【东方注：准确指定价位。】

雪狼 13:38:25 好的。

大山 13:46:29 出了吗？【东方注：急等介入下一只。】

雪狼 13:46:35 没有，八毛人太多。【东方注：雪狼犹豫中，耽误了宝贵的抢股时间】

大山 13:47:29 低一毛，没关系！【东方注：王子急想介入另一只。】

第126楼 louhfg13:43 王子，苏泊尔是走是留？谢谢了先！

大山 13:54:38 苏，涨停即卖。【东方注：为什么涨停了还要卖？事后问王子才知他想抢入大连热电，"即卖即买，让一笔资金一天赚俩涨停板"！】

雪狼 13:54:47 好的。

大山 13:54:51 现在不要下单。

雪狼 13:54:59 哦，为什么？

大山 13:55:01 以免惊动庄家。【东方注：王子倡导闪电买卖，不露痕迹】

雪狼 13:55:19 您真滑头！

第141楼135246 14:08　王子太神了，在您的指挥下，宏达我今天卖个最高价，卖了它就跳水了，太好了，我请您吃大餐！

第146楼不丝鸟14:14　神王子！

第150楼林中小溪14:24　王子操盘已经达到出神入化境界了，太神了，我今天是领会了！

第156楼林中小溪14:40　神了，大盘就在王子说的2820处站住了，我的妈呀，王子您是神还是人呀？

第172楼 congg　辛苦了！你对股市了解得太透彻，老师老师……

【东方注：交易结束后，赞誉接踵而至。对照这两只股的走势图（见图33-1和图33-3），的确非常精彩。事后问王子，得知他对今天的操作很不满意，他说："今天卖出任意一只，买入大连热电是对的，但周五是空仓选股时间，不应该买的。"结合大连热电的分时走势（图33-3）来看，我们才恍然大悟！对此他总结了如下三条经验。】

第一，操盘时必须"嘴里嚼一个，筷子夹一个，眼睛盯一个"，指令一到，

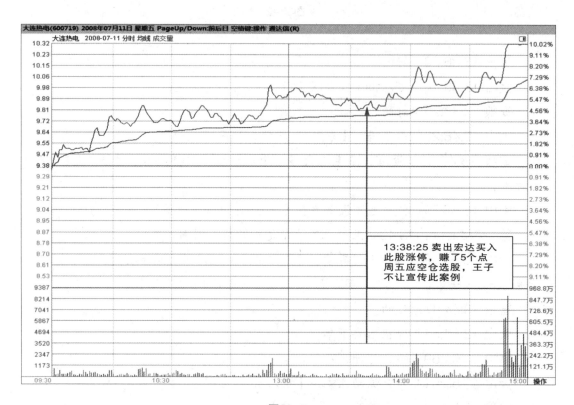

图33-3

出手要快。

第二，操盘员不要老是追问某只股票如何如何，应该自己根据市况决断，按计划执行。

第三，指令员应该在第一时间"将即卖即买的目标告知操盘员"，以免错过最佳时机。

看着这精彩的一幕，我们服了！我们期盼王子在下周为我们演绎"即卖即买，用一笔资金一天赚俩涨停"的操盘记录。

最后王子提醒大家："闪电买卖，一笔资金一天赚俩涨停"，是他师傅的绝活，仅供本站网友鉴赏，请大家不要对外张扬。这样操作的风险较大，没有精准的"三线定位"，没有掌握"看鱼、选鱼、捉鱼"的技巧者，没有掌握"嚼一个、夹一个、盯一个"的功夫者，请勿刻意模仿。

（明灯论坛版主 东方 整理）

（验证网址：http://www.178448.com/read.php?tid=27661）

二、2015年7月9日，一石二鸟，大显神通！

2015年7月9日，王子和量学特训班的同学们积极参与救市之战，使用"一石二鸟"战术，在早盘卖出涨停股，买入盘前预选股，有的是在跌停板上买入目标股，打了一场非常漂亮的狙击战。可以分三个层次来看：

第一，国家队以小搏大，以中小板为突破口，举重若轻，将空方打得没有还手之机。这正是王子前天说的"要采用毛泽东的声东击西战术，集中有限兵力，突破空方薄弱环节"。王子昨天强调伏击中小盘股，果然暗合主力意图。有同学问：为什么你知道主力今天要攻击中小盘股？答曰：国家队第一天拉中国石油失败，第二天拉大金融受阻，第三天拉股指期货无用，该试的都试了，第四天不拉中小盘的话，这场救市战就无法干了。

第二，特训班备战充分，昨晚选拔"优化一剑封喉"的股票，今早从中小盘入手，打了一个漂亮的伏击战。上午10时左右，有同学报喜，他昨晚预选的88只股票有44只涨停，其余都有5个点以上涨幅。至收盘全线涨停。许多同学都是在跌停板上伏击目标股，当天获利20%左右。

第三，最漂亮最精彩的战斗发生在上午10时，王子在T22群发出"一石二鸟狙击令"，命令将当前涨停的股票全部卖出，再伏击刚刚抬头的股票，狙击令迅速传播到其他特训群，打响了一场"一石二鸟"的战争。许多同学当天获利达到或接近30%（详见图33-4、33-5、33-6）。

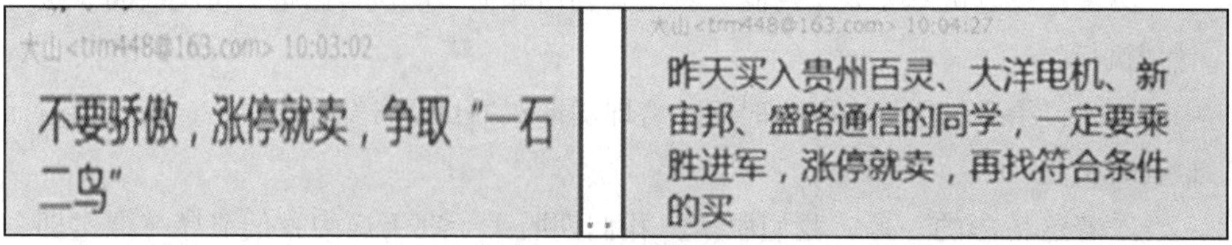

大山 <tim448@163.com> 10:03:02

不要骄傲，涨停就卖，争取"一石二鸟"

大山 <tim448@163.com> 10:04:27

昨天买入贵州百灵、大洋电机、新宙邦、盛路通信的同学，一定要乘胜进军，涨停就卖，再找符合条件的买

图33-4　一石二鸟狙击令和狙击条件

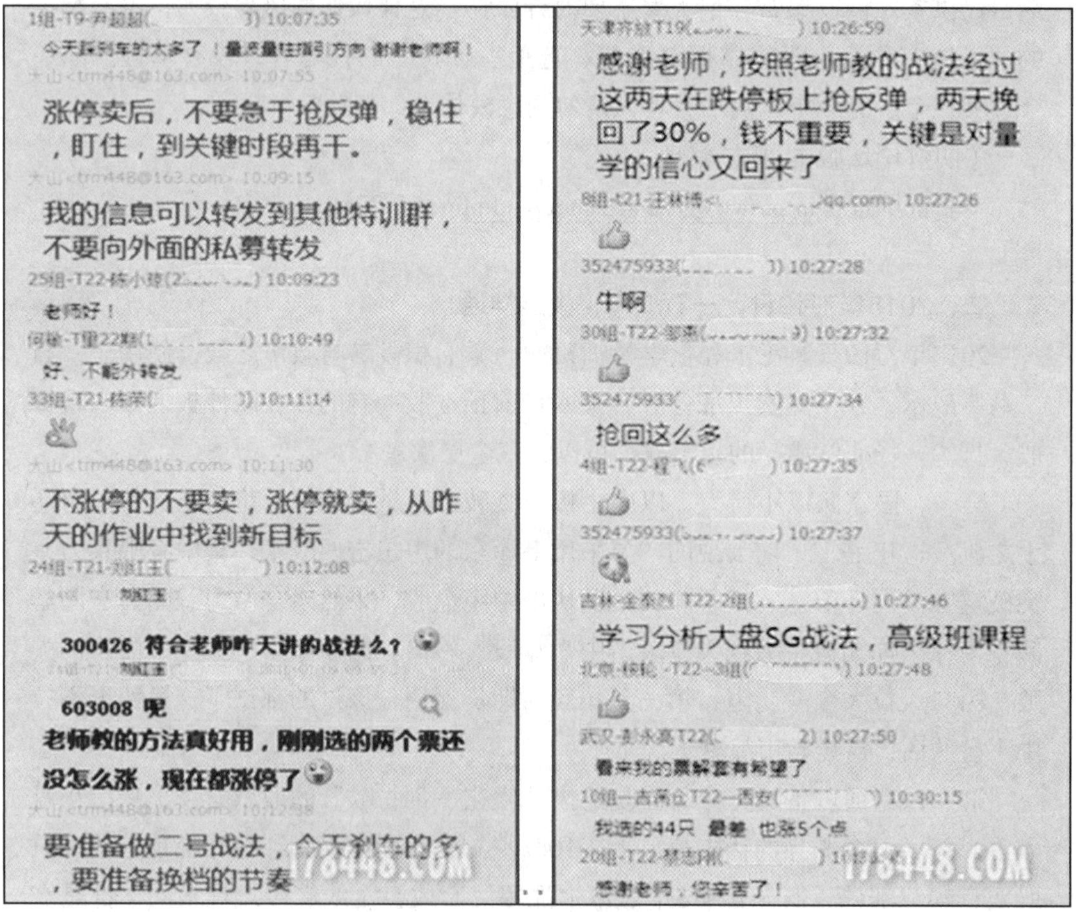

1组-T9-尹超超(　　　3) 10:07:35

今天涨到车的太多了！量线量柱指引方向 谢谢老师啊！

大山 <tim448@163.com> 10:07:55

涨停卖后，不要急于抢反弹，稳住，盯住，到关键时段再干。

大山 <tim448@163.com> 10:09:15

我的信息可以转发到其他特训群，不要向外面的私募转发

25组-T22-陈小珍(2　　) 10:09:23

老师好！

何敏-T望22期(1　　　) 10:10:49

好，不能外转发

33组-T21-陈荣(　　3) 10:11:14

大山 <tim448@163.com> 10:11:30

不涨停的不要卖，涨停就卖，从昨天的作业中找到新目标

24组-T21-刘浪王(　) 10:12:08

300426 符合老师昨天讲的战法么？

603008 呢
老师教的方法真好用，刚刚选的两个乘还没怎么涨，现在都涨停了

大山 <tim448@163.com> 10:12:58

要准备做二号战法，今天刹车的多，要准备换档的节奏

天津齐放T19(　　　) 10:26:59

感谢老师，按照老师教的战法经过这两天在跌停板上抢反弹，两天挽回了30%，钱不重要，关键是对量学的信心又回来了

8组-t21-汪林博(　　.qq.com) 10:27:26

352475933(　　　3) 10:27:28

牛啊

30组-T22-邵素(　　　9) 10:27:32

352475933(　　　3) 10:27:34

抢回这么多

4组-T22-程飞(6　　) 10:27:35

352475933(　　　) 10:27:37

吉林-金泰剂 T22-2组(　　　) 10:27:46

学习分析大盘SG战法，高级班课程

北京-核轮 -T22--3组(　　) 10:27:48

武汉-彭永亮T22(　　2) 10:27:50

看来我的票解套有希望了

10组-吉满仓-T22-西安(　) 10:30:15

我选的44只 最差 也涨5个点

20组-T22-禁志刚(　　)

感谢老师，您辛苦了！

图33-5　一石二鸟的方法和成果

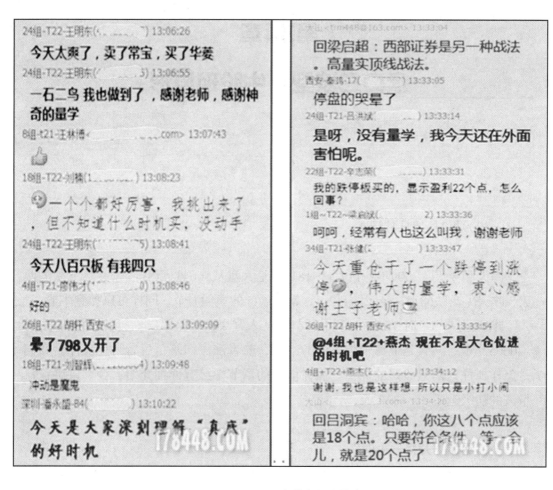

图33-6 一石二鸟的心得和体会

今天许多同学玩了一石二鸟技法，张健同学重仓买的跌停到涨停；辛志荣同学在跌停板上买的，显示盈利22个点，他还问是怎么回事；吕洞宾同学也是从买的跌停到涨停……

明天怎么干？今天大盘首次回到本段下跌的二一位3698点上方，收盘于3709点，距前天强调的3740还有31点的距离，所以，我们不能掉以轻心。越是胜利的时候越要注意安全，越要提防空方的反扑。而判断多方反击战能否成功，一定要注意多方能否守稳3623防线。所以明天的底线可预设3623，居其上则无忧。

战术上，以不破3623防线为前提，可以再搞一次"一石二鸟"，早盘涨停即卖出，择机伏击准备启动的目标股（一定要是今天预选合格的优质股票）。一旦空头反击跌破3623防线，就要准备采用二号战法。

提前祝大家明天周末愉快！庆功时别喝多了。

第34章

盘口三波型，牛股现原形

（2009年2月18日日记）

　　昨天和今天（2009年2月17日～18日）是大盘从1664点反弹以来突然下跌的两天，昨天大盘跌68点，今天跌112点，就在这样的疯熊时节，同样可以抓到牛股。

　　昨天上午10时36分，我们同时介入了两只股票，一只是旭飞投资（000526），一只是上海辅仁（600781），前者涨停回落，后者封死涨停。我们是怎样抓住这两只股票的呢？方法在前面的章节中已有详细介绍，今天讲讲盘口量波的初级运用。

一、看懂"开盘一小时"

　　我们讲过，一只股票开盘半小时至一小时的走势（除去信息躁动期之外），可以充分体现主力根据昨日之前的操盘情况得出的今日操盘意图和操作手法。

　　这两只股票的前期走势、当前股价、盘子大小非常近似，昨日（2009年2月17日周二）开盘后一小时的走势也非常相似，所以将这两只股票拿来进行对比研究。

　　讲解之前，有三个量学知识点介绍如下：

　　1. 关于"天线"：即"价格线"，因为价格是飘忽不定的，犹如空中浮云，所以量学称之为"天线"；

　　2. 关于"地线"：即"地平线"，前一日的收盘价，稳稳定格在零轴上，犹如地平面，所以量学称之为"地线"；

　　3. 关于"人线"：即"人气线"，分时的成交均价线，充分反映了当时的人气值，所以量学称为"人线"。

　　这三条线自下而上按照"地人天"的顺序排列时，犹如人踩着地，顶着天，是正常现象，量学称之为"正三维建构"，股票看涨；否则倒过来，自下而上按照"天人地"的顺序排列时，犹如人踩着天，顶着地，是反常现象，量学称之为

"倒三维建构"，股票看跌。以人为例，你站在这里，头顶蓝天，肯定舒服；如果你站在这里，头顶大地，肯定难受。股票也是这样。

请先看旭飞投资的分时走势图，详见图34-1：

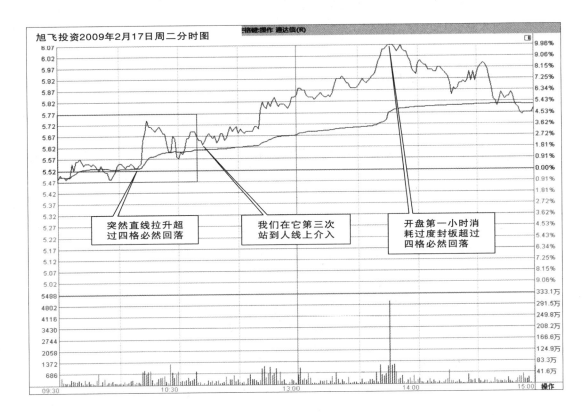

图34-1

图34-1旭飞投资开盘后第一小时的分时走势，与图34-2上海辅仁的分时走势几乎一模一样。二者开盘后一个小时内的走势非常有趣。我们以人线为界，先看看旭飞投资的情况：

（1）天线与人线双双低开，躺在地线下方，是倒三维建构，说明开盘不太顺利，说明这个庄家控盘不是太好。

（2）开盘5分钟左右，天线以"颤抖波"穿过人线，大约10分钟左右又以"颤抖波"跌落到人线下方，说明这个庄家控盘还是不好。

（3）10时左右，以"轻松波"再次穿过人线，形成两个"双头波"之后，受到人线支撑，以"轻松波"几乎直线拉起，用力有点过度，必然回落。

（4）10时28分，以"飞瀑短波"触人线而弹起，10时30分，又以"飞瀑短波"跌破人线，然后以"轻松波"迅速拉起，形成经典的"上行三角"，我们就是在这个"凹口平衡点"介入的，介入价为5.66元，同时，我们也介入了上海辅仁，介入价为6.17元。

（5）由于开盘一小时用力过猛，消耗过度，该股午后封板时天线与人线的距离高达六格，所以必然回落。

二、看清"盘口三波形"

下面再看图34-2上海辅仁2009年2月17日分时图：

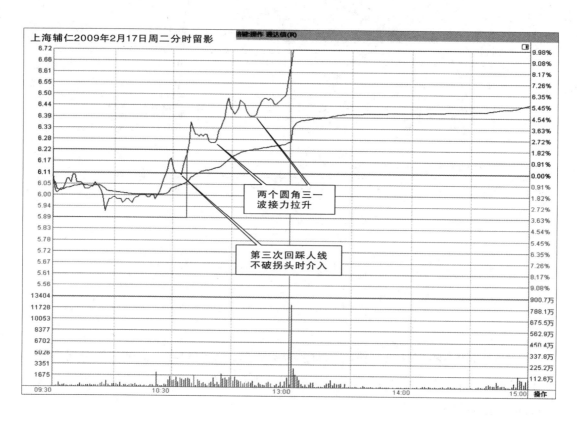

图34-2

上海辅仁开盘后1小时内的走势，也是围绕人线三起三落：

（1）天线和人线双双低开，躲在地线下方，数次下探的低点几乎没有成交量，庄家控盘良好。

（2）开盘一分钟后，天线穿过人线，幅度很小，十分钟后，以"犹豫波"跌破人线，然后在人线下方以"蓄势波"横盘将近半小时，给人悄悄向上的感觉，请看下方量柱，红柱明显多于绿柱。

（3）10时25分左右，以"斜升波"冲过人线，在10时35分左右，稍稍回落，三一波拉起，我们在这时介入。

（4）10时35分左右，一道"斜升波"突然升起，后又用两个圆角三一波拉升，总体上是三个三一波接力拉升，在午盘拉至涨停，天线与人线的距离四格多一点点，所以封死涨停板。

三、得失分析

为什么开盘1小时的走势几乎一模一样的两只股票，1小时后会如此大相径庭呢？现在看来，有如下几个要点：

第一，从量柱上看，旭飞投资的红柱少于绿柱，而上海辅仁的红柱多于绿柱，显然旭飞投资没有上海辅仁的底气足。

第二，从天线上看，旭飞投资是在人线上方的"犹豫波"后接"拉升波"，而上海辅仁是在人线下方的"蓄势波"后接"拉升波"，前者底气不足，后者底气十足。

第三，从波形上看，旭飞投资在10时35分左右的这波拉升角度太陡，幅度超标；而上海辅仁在10时35分左右的这波拉升角度不陡，幅度适中，后面连续两个圆角三一波接力向上，有一气呵成的气势。

1个小时之内，就能显现个股的牛气！这就是"分时量波"的奥秘！

如果大家有兴趣，可以把这两只股票次日（2009年2月18日）的走势图调出来看看，上海辅仁为什么在今天大盘大跌112点的情况下依然能封死涨停板？为什么旭飞投资今天四次向上攻击却不能收红？这里面是不是藏着更多有趣的东西呢？

请大家想想"犹豫波"与"蓄势波"的区别，明天接着讲吧（关于量波的系统知识，因为其动态性强、瞬变性大，用图文方式难以叙述，目前只能在北大量学特训班面授，以后将逐步用视频方式讲解）。

区别提示：

"犹豫波"给人以"犹豫不决的感觉"。

"蓄势波"给人以"悄悄向上的感觉"。

（验证网址：http://www.178448.com/read.php?tid=28790）

第35章
一个"失败案例"，引出"十个问题"

（黑马王子2019年5月25日周末讲座）

大家知道，我们每次量学特训课前，都要求学员提供1～3个失败案例，给量学挑毛病，但要求你在失败案例上注明三个要素：一是你的进出理由，二是你的进出时间，三是你的进出价位。可是至今，从来没有一个学员提供他的失败案例。

王子感到非常奇怪，问同学们，你们为什么不提供失败案例呢？同学们的回答惊人的一致。他们说：我的失败案例上，只要把"进出理由、进出时间、进出价格"这三个要素标注到屏幕上，我自己就知道自己错了，而不是量学错了。所以根本不用提交，浪费老师的宝贵时间。

于是，王子转变方向，在"盘前预报123"微信公众号上征求失败案例，嘿！这一招真灵，本周有两位网友大胆公布了自己的失败案例，讲出了各自的进出时间和理由。许多网友对这三个案例谈了自己的看法，谈得非常好。今天是周末休息时间，王子先解读一个案例如下：

一、飞利信（300287）涨停板之前的三次买卖记录

网友"萍水相逢"2019年5月23日19:49:44留言：老师，我的失败案例如下。

第一次买卖：4月29日9点54分4.94元买入飞利信，理由是4月26日阳胜，认为当天会做黄金柱。5月7日10点05分4.61元卖出，理由是阴盛出。

第二次买卖：5月8日9点53分4.41元买入，认为站稳了2月25日黄金线，抄底去了，5月10日13点14分4.31元卖出。

第三次买卖：5月20日14点26分4.36元买入，理由是分时图急拉又回撤缩量，这个股票今后会突破当天4.68元高点，21日10点41分4.36元加仓，理由是20日这根柱的底部回踩2月22日黄金柱，有底。22日13点05分4.4元卖出，因为预测大盘明

天会跌,而这个股票当时阴线。

第三次卖出的次日,飞利信就飞了,连续两个涨停板。

这就是我买卖飞利信的全过程,分享给老师和各位量友同人,欢迎大家批评指正。谢谢!(案例见图35-1)

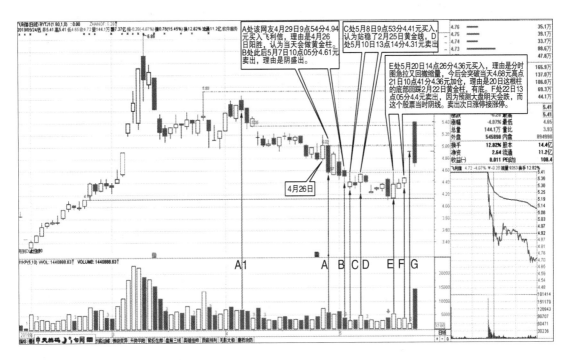

图35-1

谢谢"萍水相逢"网友提供的详细叙述,王子按照他的叙述,把他的三次买卖点和理由,都一一标注在图片上了,大家可以先看图再看王子的点评。

尊敬的"萍水相逢"网友,请恕我直言,从你的留言来看,你的三次买卖操作过程,充分证明你根本没有理解量学,而是用"你所看到的量学术语",加上"你所理解的主观偏见"来操作的。说句不好听的话,你的操作与量学毫无干系,因此是完全错误的、违背量学标准的操作。

因为,"量学术语"是有"特定内涵"的,我们千万不能"望文生义",不能"自以为是",更不能"不懂装懂"。

现对照图中A~B、C~D、E~F这三处买卖点,我们逐一讲解如下。

二、王子点评这三次买卖操作

首先,你在"4月29日9点54分以4.94元买入飞利信,理由是4月26日阳胜,认为当天会做黄金柱。"显然错了。

第一，你肯定是用量学的"阳胜进、阴胜出"来预判和操作的。但是，量学的"阳胜进、阴胜出"，特指"上升途中"的阳胜，并且强调"下降途中的第一个阳胜柱"不可信，因为下降途中的第一个阳胜柱可能是刹车，一旦刹不住，就要继续刹车，直到刹住，否则还要下跌。请看图35–1中A1到A到C，完全是下降途中，根本没有刹住车，根本没有买入信号。所以，你在A和C的买入是完全错误的。错在没有按量学的标准介入，而是"自以为是"的介入。

第二，既然你看到"阳胜柱出现在4月26日"，你为什么要在4月29日买入？这不是违背了"初胜进出"的原则么？况且该股正在下跌途中，4月26日的初阳没有被确认，没有介入时机，也就没有介入的必要。量学讲的"单阳不是阳、单阴不是阴"，在本例中处处得到验证。

第三，你"认为4月26日当天会做黄金柱"，那是你的"认为"，按照量学的"三日确认"原则，即以4月26日为基柱，其后三日的平均收盘价不低于基柱实顶才能确认黄金柱，没有确认就"以为当天会做黄金柱"，没有确认就介入，这是非常严重的错误。我们有些读者，总是以为自己比主力聪明，主力的足迹还未走出来，我们就"先入为主"进行操作，哪有不失败的呢？

第四，很多读者看书、看收评、看预报，多是"望文生义"，用"一知半解"来自我满足、自我陶醉。你如果把4月26日的阳胜柱当作"刹车"，那也应该等到"换挡"柱出现，最好是"加油"时介入呀！你的超前预判，完全没按照量学的标准来操盘，而是完全凭你的主观猜想操盘。这是非常错误的。

第五，你说5月7日B处"阴盛出"，这又是一大错误！量学的操作应该是A柱次日"跳空阴，拉拐清"，要比B柱提前两天。这里还有一个重要错误，你说的"阴盛出"，刚好与量学标准相反，量学强调的是"阴盛进"！请你注意"盛"与"胜"是两个截然相反的操作路线。一字之差，谬之千里。

第六，C处是一个典型的"向下跳空的假阳真阴"，没有任何理由介入！你却"认为站稳了2月25日黄金线"，又是凭自我"认为"介入，而不是等候"确认"介入，这是许多网友失败的根源，好在你能在D柱及时出货。

第七，你在E处的介入完全正确。因为该股从6.89元跌到4.13元，跌幅接近腰斩，看看C到E的价柱，震幅逐步收窄，跌幅逐步走平，按照量学的钟摆渐弱原理，E处已是下跌末期，且E柱回踩2月22日的元帅柱实顶，形成了极阴次阳微增量过阴半建构。所以，你的介入完全正确！

第八，以E柱为基柱，连续两日价升量平，是很好的黄金柱建构，按照量学原理，这里一旦上攻，至少应该有一到两个板的上升空间。但是，你却在黎明之前出货，白白丢失了两个涨停板。

第九，我在"盘前预报123"微信公众号上说：这是一个非常好的案例。很多网友不理解，问我这么糟糕的操作，怎么会是非常好的案例呢？这个案例好在哪儿？好在这位网友的操作，代表了许多读者的操作，就是"用自我的思维定式去理解量学术语，进行了完全相反的错误操作"。

第十，看到上述操作，使我想起了上周四（5月16日）的故事：当天收评中，我对大盘提出"盯三防四"的警示，有位网友理直气壮地质问我："明天是周五，哪儿来的周四？"显然，他对"盯三防四"望文生义，理解成"盯周三、防周四"了，这种"用自我的思维定式去理解量学的术语"，经常出现在自以为是的读者中。

三、这个失败案例的启示

借此案例，给大家提个醒：量学的每个术语都是有特定含义的，都是"位置决定性质"的，我们切切不可"望文生义"。

例如，一看到"阳胜柱"就"阳胜进"，这是要吃亏的；因为，下跌途中的阳胜不是胜，可能是下跌中继，所以量学认为"单阳非阳，单阴非阴"。

再如，一看到"小倍阳"就"大胆入"，也是要吃亏的。因为，第一个倍阳往往是试探，第二个倍阳往往是试攻，第三个倍阳往往才是主攻。

再如，第一级黄金梯往往是试探，我们观战；第二级黄金梯往往是试攻，我们试盘；第三级黄金梯往往才是主攻，我们才能大胆介入。

再如，长期下跌之后的第一根阳胜柱往往是"刹车"，第二根往往是"换挡"，第三根往往是"加油"。有些"刹车柱"第一次不一定能刹住，还有第二次、第三次，甚至还有第四、第五次。

事实告诉我们：无论多么好的助涨基因摆在面前，我们都要遵循"左预判、右确认，等候确认是灵魂"的量学看盘法则来研判。千万不要头脑发热，千万不要只见树木，不见森林。

量学是一门"实打实"的学问，学习量学也是一个"实打实"的过程，我们千万不要"望文生义"，千万不要"以己度人"，千万不要"自以为是"。如果我们不读懂作者的"本意"，而是用"己意"代替"本意"、用"误解"代替"正解"，轻者可能闹出"盯三防四"的笑话，重者就会走进"我还是我"的怪圈，永远停留在自己的过去。

第36章

这个"失败案例"收获"三句箴言"

（黑马王子2019年6月1日周末讲座）

现在股市上有一种怪象：似乎大家都懂量学了，似乎大家都用量学了，似乎用量学就能擒牛捉马骑龙头，许多人以量学为荣，以量学为伍，似乎不懂量学成了炒股之人的奇耻大辱。有的甚至说："不懂量学不炒股！"

与此同时，量学又成了许多人炒股亏损的替罪羊，成了不能擒牛捉马骑龙头的罪魁祸首。还有人说："不学量学之前没有亏过，学了量学之后，反而越来越亏，亏得不敢炒股了。"

实话实说，那些自称懂得量学的人，难道真的懂量学了吗？那些自称用量学炒股的人，难道真的是在用量学炒股吗？

一、王子"征求失败案例"

为了甄别真相，王子在"盘前预报123"微信平台上呼吁大家提供失败案例，就有了上周日（5月25日）《一个"失败案例"，引出"十个问题"》的周末讲座。大家都说这样的讲座太好了！太有价值了！

事隔三日，2019年5月28日20时36分36秒，有位名叫"男人如山"的网友在"盘前预报123"微信平台上留言，讲了他用量学看盘选股失败的案例。

请看他的留言（见图36-1）：

他的原文是："明明京东方×量柱量线都有，今天仍然大量资金（无论主散）净流出呢？相反搜于特无量超跌涨停，量学对后者（指搜于特）怎么看怎么不顺。"

"男人如山"的这段留言，讲了他用量学分析的两只股票。

第一只，讲的京东方A（000725），理由是"大量资金（无论主散）净流出"。显然，这不是用量学分析的，因为量学看盘析股，从来不管其他传统技术

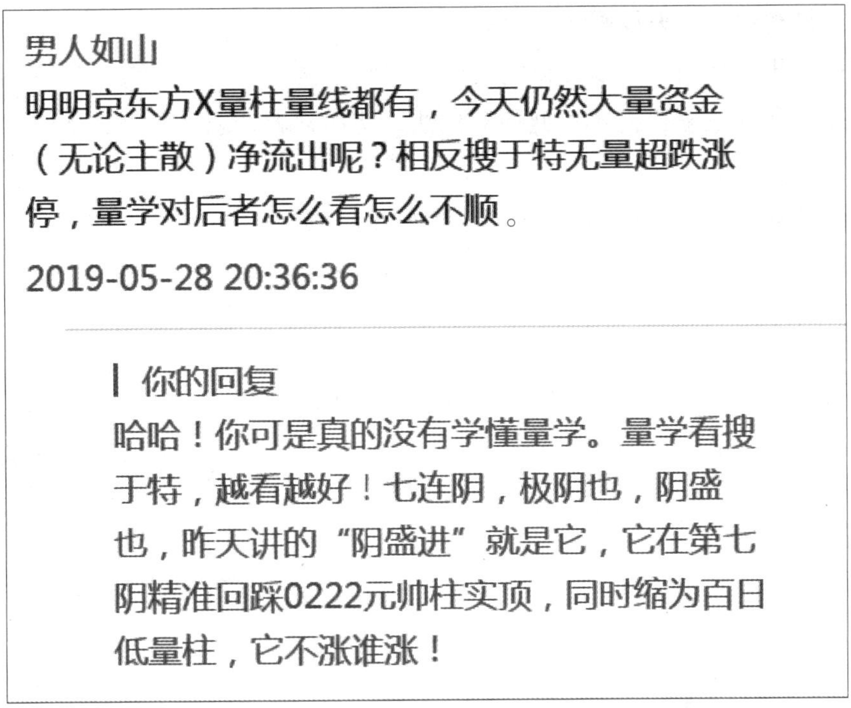

男人如山

明明京东方X量柱量线都有，今天仍然大量资金（无论主散）净流出呢？相反搜于特无量超跌涨停，量学对后者怎么看怎么不顺。

2019-05-28 20:36:36

| 你的回复

哈哈！你可是真的没有学懂量学。量学看搜于特，越看越好！七连阴，极阴也，阴盛也，昨天讲的"阴盛进"就是它，它在第七阴精准回踩0222元帅柱实顶，同时缩为百日低量柱，它不涨谁涨！

图36-1

指标。量学认为，任何股票、任何时段的交易都是多空平衡的、都是买卖对等的，否则，不可能成交，因此，不可能有"净流出"或"净流入"。当前有些股票软件标榜的"净流入"或"净流出"指标，本身就是错误的，并且以讹传讹，流毒甚广。显然，"男人如山"是用其他传统指标在看盘，自己受到毒害了，却把失误和过错扣到量学头上。这种张冠李戴、指鹿为马的情况太多太多了，量学为此背的黑锅，实在令人啼笑皆非。各位看客，要是你也有这种情况，你该怎么办呢？

第二只，讲的搜于特（002503），理由是"搜于特无量超跌涨停，量学对它怎么看怎么不顺"。也就是说，搜于特的涨停，"男人如山"无论"怎么看怎么也不符合量学标准"。我一看到他的留言就大吃一惊，感到非常诧异，因为，我本人是5月27日午后，在该股过底部大阴二一位时以2.57元买进的，应该符合量学标准我才买它。所以，我当即给他回复："哈哈！你可能是真的没有学懂量学。量学看搜于特，越看越好！怎么看怎么符合量学入货标准！七连阴，极阴也，阴盛也，我昨天（收评）讲的'阴盛进'，指的就是它，因为它的第七阴精准回踩0222元帅柱实顶，同时缩为百日低量柱，它不涨停谁涨停？"

同样一只股票，为什么他和我的看法截然相反呢？请看如下分析。

二、详解这个"失败案例"

谢谢"男人如山"网友提供的这个"失败案例"，它太经典了！经典得不亦乐乎！经典得使王子不得不在此用对比法，将留言者"怎么看怎么不顺"的搜于特详解如下。

请看图36-2搜于特2019年5月27日六种指标留影。

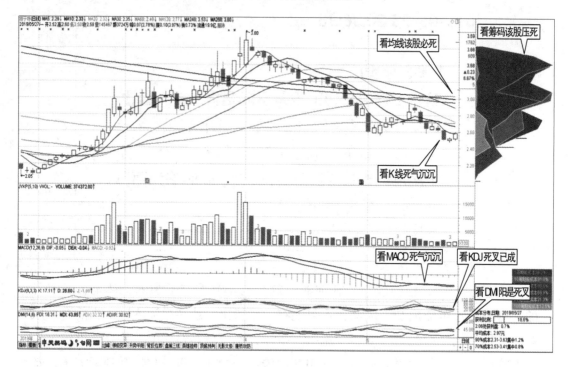

图36-2

因为该网友是5月28日晚上的留言，我们来看5月27日搜于特的状况。上图中调用了当前最流行、最经典的六种传统技术指标，请看事实：

（1）看均线，该股必死，因为均线层层压制，毫无生机；

（2）看K线，该股死气沉沉，因为连阴重重，毫无生气；

（3）看筹码，该股筹码重重，群峰压顶，多方无力反抗；

（4）看MACD，该股死气沉沉，阴气浓重，多方寸步难行；

（5）看KDJ，该股死叉重叠，层层压制，多方只有喘息；

（6）看DMI，该股死叉重叠，重重压制，多方气急败坏；

以上六点，用传统指标来看，确实"怎么看怎么不顺"；但是，用量学眼光来看，该股却是"怎么看怎么大顺"，生机勃勃、大有作为。

请看图36-3搜于特2019年5月27日留影（去掉所有传统指标）：

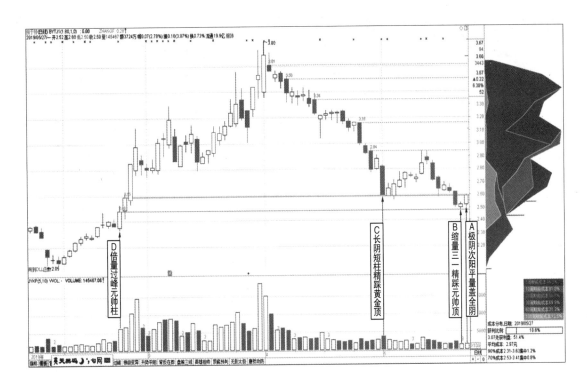

图36-3

量学看盘，去掉所有传统指标，只看量柱量线。

先看B柱：这是该股七连阴之第七柱，假阳真阴，该柱缩量三一，缩为百日低量柱，并且精准回踩D柱元帅柱实顶，说明主力控盘到位、回踩到位、缩量到位，即将拉升；

再看C柱：典型的长阴短柱，最低点精准回踩D柱次日的黄金柱实顶，说明该股主力属于强庄，一旦做出百日低量柱，必有强力反弹；

再看A柱：极阴次阳平量盖全阴（B柱），这是经典的异动信号。因为其左侧是七连阴，量学认为，七连阴属于极阴范畴，阴盛也，阴盛必阳升，一旦次阳过阴半，就是量学跟庄的第一位置，所以王子于A柱午后在2.57元介入，介入价位比日前底部大阴二一位（即B柱左侧长阴短柱）2.56元高给1分钱成交。仅管成交后又下跌了2分钱，但后来又反身向上，收盘于2.59元，王子当天只赚了2分钱。

第二天，该股果然逆市启动，悍然涨停，然后拉出四连板。

请看图36-4搜于特2019年5月31日午盘留影：

如图36-4所示，王子在E柱午前破板第二波上攻未果时出货。这是当天中午出货后的留影（注：这种带有右侧信息栏的截图，是不可再现的截图，也就是过

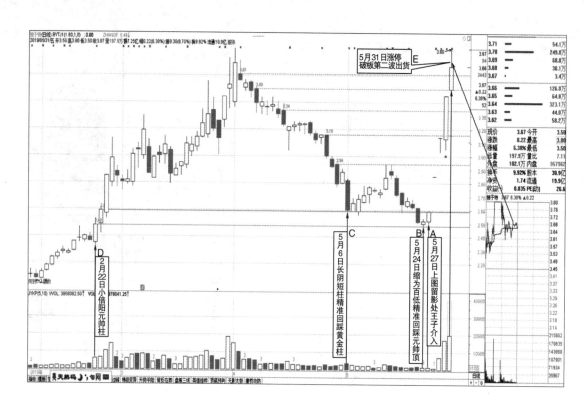

图36-4

了这个瞬间，就再也不可能重现的截图，所以，带有信息栏的截图，是市场给我们的公证书）。

王子选定该股非常简单，就是看"一柱一线"。

一柱，就是看到B柱缩量三一、缩为百低（三低三有）；

一线，就是看到B柱精准回踩D柱小倍阳元帅柱实顶线；

介入，就是看到A柱缩量突破底部大阴二一位，见B柱左侧的长阴短柱。

全部都是按照量学标准看盘，全部都是按照量学标准介入。北大量学实战特训班的同学们都知道，这种长阴短柱是高度控盘的强庄所为，一旦启动，一般会有四个板的涨幅。该股如期拉了四个板，但因没有及时发现他打开涨停，出货晚了一个节奏，少赚了半个板。可惜这里只用了不到三一仓位，原计划A柱次日小跳空确认极阴次阳时再加仓，没有想到该股在A柱次日竟然是跳空一字板开盘，第二天5月29日又是跳空T字板开盘，最终四连板。

三、这个"失败案例"说明了什么？

综上所述，这位网友"用量学看搜于特，怎么看怎么不顺"，完全与事实相反。为什么会出现这么大的反差呢？我想，他肯定是在学量学的同时，又在学其他技术，学杂了，学混了，他明明是用传统技术"怎么看怎么不顺"，但他却说成是"量学对它怎么看怎么不顺"。

这个"特殊的失败案例"，其实不是量学的失败，而是学量学不认真、学量学不到位的失败。这种阴差阳错的情况非常多，因为现在学量学的人，往往都会拿他学过的各种经典技术与量学对比，经常用量学选出股票后，又用传统技术来验证，最后，经常出现张冠李戴、李代桃僵的错误。

这个"特殊的失败案例"说明了什么？

第一，有些人所说的量学，其实不是量学，而是他自以为是的量学；

第二，有些人所用的量学，其实不是量学，而是他似懂非懂的量学；

第三，有些人所讲的量学，其实不是量学，而是他不懂装懂的量学；

第四，有些人所学的量学，其实不是量学，而是他李代桃僵的量学；

……

要想真正学好量学，就要认真读懂原著，读出作者的本意，而不要用自己的"己意"去推测作者的"本意"，更不要在没有读懂的时候去实盘。有的人自己错了，不从自身找问题，却说量学错了，这就可悲了。

这个失败案例，使我想到网友"林焕辉"的留言："老师，我今天伏击了罗顿发展，理由是从您微信视频看到的过了假阴真阳的实顶伏击。看了量学有几个月了，因为自己学过传统技术，所以觉得技术越多反而越乱，量学的每个战法都是有理有据的，但是还是得先学会一招，先学精了一招，先用会了这一招，才可以走得更好。"

王子回复：你说的"技术越多反而越乱"，说到点子上了！只戴一只手表的人，时间永远是准的，即使它有点误差，戴表人会自动修正它；如果戴的手表多了，戴表人就不知道哪只是准的了。你说的"先学精一招，先用会这一招，才可以走得更好"，说到点子上了。看懂了才能学精，不懂装懂的人往往会死得很惨。

最后，送大家四句话，算是对这个"特殊的失败案例"的总结：

一知半解害自己，

似懂非懂害他人；

自以为是必不是，

不懂装懂害死人！

男人如山
谢谢王子能把我失败案例公开回复，在此虚心接受老师的批评指正！让我明白自己每天明里用量学看盘，暗里一直受传统指标分析，并且许多时候并没有用量学指标—或乱用指标，看来还得多读几遍四本基础知识，学会真正的量学知识，以求开悟。再次拜谢！

2019-06-01 22:44:32

| 你的回复
好男儿！真英雄！

图36-5

本文发表后，收到"男人如山"网友的回复（见图36-5）：

嗨！好一个"男人如山"，果然是个顶天立地的男子汉！这样敢于面对错误、承认错误，敢于从自身找到失败原因的人，肯定大有前途。

希望每个读者都能向他学习，失败了不可怕，大胆从自身找原因，你一定会走向成功。如果自己失败了，把失败的原因甩给别人，甩给量学，你就永远也不能进步。

最后送大家三句话：

世上幻想最多的地方就是股市，只有丢掉幻想，坚持标准，才能生存；
世上偏执最多的地方还是股市，只有放弃偏执，学会辩证，才能成功；
世上任何言语都不可能说服人，只有事实重复再现，才有可能惊醒人。

后记1:

从"爱你一生"到"爱你一世"

一、修订的提议

"值得修订的书才是好书！"

这是四川人民出版社的汪渌编审约我修订《量柱擒涨停》时说的话，对我震动很大。当时是2013年1月14日。据当年流行说法，"2013"就是"爱你一生"。那天我正在中国人民大学明德楼728会议室和"华尔街T3团队"的两位创始人、金牌交易员Robert（罗伯特）和Evan（伊万）共同研讨股市规律问题，汪渌编审正好和大家见了面。"T3团队"是中央电视台大型纪录片《华尔街》中重点介绍的美国顶级操盘机构，当我向他们讲解了量学理论的部分内容后，这几位美国朋友大加赞赏，当场向我索取《量柱擒涨停》和《量线捉涨停》这两本书，并签字合影留念。大家开心地说："量学理论，爱你一生。"

从那以后，我就开始了《量柱擒涨停》的修订工作。文章千古事，得失寸心知。修订工作比原创工作要费力许多。真是瞻前顾后，牵一发而动全身。直到2014年春节，才基本完工。人们说"2014"是"爱你一世"。现在看来，从"爱你一生"到"爱你一世"，真是有缘，《量柱擒涨停》注定要被载入史册了。

二、原著的影响

回想《量柱擒涨停》自2009年9月出版以来，在全国引起了极大反响，这是我和出版社的同志始料未及的。该书首创的"黄金柱、黄金线、黄金劫、黄金坑"等量学术语，均成了当今股市流行语，"www.178448.com股海明灯论坛"也成了当今股市风向标，甚至出现了"不懂量学莫炒股"的当代股市箴言。

正因量学深受欢迎，一些"别具慧眼"的不法分子冒名、盗用、滥用情况也超常发挥。据第三方调查机构统计，冒名、盗用、滥用"量学"的情况超过了许多名人名著。

当前，黑马王子只授权"量学云讲堂""北大量学特训班""量学基训班"

三个网点为量学教学基地，其他均是假冒。为了防止读者误入歧途，现将当前社会上最流行、最猖獗的冒名、盗版、滥解量学的重大事件公布如下：

（1）有人盗用"量学"名义在新浪、腾讯等大型网站开公众号、办大讲堂、办特训班，严重侵犯量学知识产权，请受骗上当者直接起诉。

（2）有人将本书中的"股海明灯、黄金柱、峰谷线"等原创量学术语抢先申请了"中国注册商标"，王子保留追究其法律责任的权利。

（3）有人恶意将本书中的"飞毛腿软件"进行了"中国软件登记"，并在淘宝网打着王子旗号高价出售，请受骗上当者直接起诉。

（4）黑马王子主办的"量学实战特训班"已连续举办十年，获得国内外各阶层人士好评，有人四处兜售假冒的"黑马王子特训班视频""黑马王子特训班录音"，请上当受骗者直接举报索赔。

（5）有人盗用"量学三部曲"第三部的"书名"出版了《量波抓涨停》一书，其内容根本不是"量波"，纯属盗用量学术语凑成的歪书，已被王子起诉获胜。黑马王子的《量波抓涨停》一书目前没有出版，待扫清盗版后出版。

三、修订的重点

《量柱擒涨停》自2009年9月出版以来，已走过了10年历程，这次修订，将使"量学"这块中华民族的"瑰宝"发扬光大，造福广大读者。这次修订的重点是：

（1）紧跟时代步伐。新增了作者在北京大学、清华大学实战操盘特训班的部分最新案例，力求用最新案例讲解基本原理，并力求通俗易懂，切合当前实际，这是任何盗版所不能达到的境界。

（2）简化入门渠道。为了让新读者迅速入门，本着由浅入深、由表及里的原则，对首版的篇章结构进行了适当调整、充实、完善，力图让新读者也能读懂，让老读者有更深刻的认识和理解。

（3）优化重点内容。将首版中多层次"将军柱、黄金柱"进行了优化处理，取消了"转移黄金柱"等烦琐分析，以"王牌柱"统称，分为"将军柱、黄金柱、元帅柱"三个层次，努力提高实战性和前瞻性。

（4）精化图片效果。首版图片都是"全屏125根量柱"截图，均在图书中占用半个版面，因为读者采用"立体化看盘方法"之后，普遍反映图片较小，说明读者的视野和眼光已经提升，特将原图作了放大精化处理。

（5）强化辩证思维。为了帮助部分读者避免"形而上学"的误区，增强了

"辩证求实"的内容，要求读者对每个战法和技法都要进行多次模拟训练和盘前预报，若不能连续十日成功预报十个涨停板之前，不要参与实战。

（6）开辟网上教学。为了帮助更多读者学习量学，我们特创建了"量学云讲堂"，开辟了网上"量学基础培训班"，简称"量学基训班"，让读者不出家门就能享受到量学伏击涨停的乐趣。

这次修订工作得到了四川人民出版社和清华大学出版社的大力支持，得到了北京大学和清华大学特训班全体学员的大力支持，得到了《证券市场红周刊》和"股海明灯论坛www.178448.com"的大力支持。特此一并感谢。

作者唯一工作邮箱：hmwz448@163.com

作者唯一工作论坛：www.178448.com

作者唯一工作博客：http://blog.sina.com.cn/hmwz8

作者微信公众号↓

盘前预报123（ID:pqyb123）

黑马王子张得一

2014年3月8日于北京清华大学六号院 修订

2020年3月18日于北京沙河高教园北一街八号 修订

后记2：

———— 成绩只是过去，成功才是未来 ————

亲爱的读者：

当您看完本书的时候，"每天一个涨停板"的记录就翻过去了。任何"记录"都是历史，它不能证明未来。我的座右铭是："成绩只是过去，成功才是未来。"未来在考量我们，您也在考量我们，为了接受您和未来的考量，www.178448.com 股海明灯论坛"涨停预报大赛"专栏将跟踪记录一切，将如实记录我们走过的每一个脚印，我们将努力创造新的纪录，希望您参与实践和验证……

当您看完本书的时候，一个崭新的篇章又开始了！也许，您就是这个篇章中最精彩、最生动、最珍贵的一页。您的经验和体会，将帮助我们验证量学理论、完善量学理论、充实量学理论，也将帮助您去创造您自己的奇迹……

当你看完本书的时候，你可能有许多想法、有许多悬念、有许多创想、有许多建议……为了与你及时沟通，我们在 www.178448.com 开通了互动交流平台，这里没有老师，只有朋友和战友，这里的宗旨是"人人平等，天天进步，事事成功"，你可以畅所欲言、过关斩将、煮酒论英雄……

当你看完本书的时候，你是否意识到您已经进入"伏击涨停人民战争"的队伍了？从2012年8月15日开始至今，股海明灯论坛开通的《伏击涨停预报表》已有数万名网友参与了伏击涨停预报竞赛，已有近千名网友预报的成功率高达50%，其中前三名网友的成功率高达70%，其成功数和成功率已远远超过了王子，这是多么令人高兴的事啊！

韩愈在《师说》中说过："三人行，必有吾师，是故弟子不必不如师，师不必贤于弟子。闻道有先后，术业有专攻，如是而已。"每当看到读者朋友用"量学武器"擒住涨停的时候，我的心底就一阵激动。每当看到读者朋友擒到一个涨停板，比我自己擒拿十个涨停板还要令人高兴。读者的成绩和热情，鼓励我、鞭策我尽快推出《量柱擒涨停》的姊妹著《量线捉涨停》《量波抓涨停》。这三本书合称"伏击涨停三大法宝"，是三维合一的"股市截拳道"，期望能助你练就超级股市拳法。

常言道：长江后浪推前浪，一浪更比一浪强！我深信，超过王子的人将如雨后春笋般越来越多，越来越强，越来越形成一种力量，去改变我们自己，去创造股市奇迹！

亲爱的读者朋友，明天的盘前预报又要开始了，这是我的"股市作业"，是我每天交给朋友们的作业。我像小学生一样，认认真真地完成着每天的作业，希望您认真批阅，帮我天天进步！

在此，

谨祝每一位读者"天天进步、事事成功！"

黑马王子张得一

2009年7月20日于清华园三才堂

2014年3月8日于清华大学六号院 修订

2020年3月18日于北京沙河高教园 修订